Gerhard Kardinal Müller

Römische Begegnungen

Gerhard Kardinal Müller

Römische Begegnungen

HERDER

FREIBURG · BASEL · WIEN

MIX
Papier aus verantwor-
tungsvollen Quellen
FSC® C083411

Die deutsche Ausgabe basiert auf der französischen Originalausgabe
„L'unité de la foi, La responsabilité de Rome envers l'Eglise universelle",
© Editions Parole et Silence, 2019.

Für die deutsche Ausgabe
© Verlag Herder GmbH, Freiburg im Breisgau 2019
Alle Rechte vorbehalten
www.herder.de

Umschlaggestaltung: Finken & Bumiller, Stuttgart
Umschlagmotiv: © claudio hirschberger/unsplash
Satz: Barbara Herrmann, Freiburg im Breisgau
Herstellung: CPI books GmbH, Leck

Printed in Germany

ISBN Print 978-3-451-38565-0
ISBN E-Book (PDF) 978-3-451-83565-0

Inhalt

Alle Wege führen nach Rom

Es ist einer jener herrlichen Tage im römischen Frühling, die alle Bewohner der ewigen Stadt herbeisehnen. Die stets zahlreichen Pilger und Touristen werden zu Hause noch lange davon schwärmen. Man sitzt im Freien und trinkt seinen Cappuccino. Mit ein wenig Glück findet man in einem Café an der Via della Conciliazione einen Platz mit Ausblick auf die Petersbasilika. Ein Bild der Ewigkeit im Meer der Zeit. Man ist noch ganz erfüllt von der großen Papstaudienz und kann auch ein wenig angeben, wie nahe man an den Heiligen Vater herangekommen ist – vielleicht sogar in der prima fila. Welch ein Glück, wenn man Freunden ein tolles Foto posten kann. Oder ein nicht gerades schüchternes Mädel hat sich vorgedrängt und ein Selfie mit einem freundlich lächelnden Papst ergattert.

Das Trastevere verbreitet immer eine vielsprachige, ja pfingstliche Atmosphäre. Das Gewirr der vielen Sprachen hat nichts Dissonantes und Bedrohliches an sich. Die Pilger aus allen Ländern der Erde fühlen fast physisch die völkerverbindende Kraft des katholischen Glaubens. Das ist Roma aeterna – unverwechselbar und einmalig in seiner Würde und Gelassenheit.

Das Rom der heiligen Petrus und Paulus – das ist der sichtbare Mittelpunkt der katholischen Kirche. Diese Stadt bildet seit 3000 Jahren einen Schmelztiegel der Völker. Die Universalität der Catholica mit ihrer Sendung zu allen Menschen stellt sich im Bischof der römischen Kirche dar. Denn der Stifter der Kirche „hat den heiligen Petrus an die Spitze der übrigen Apostel gestellt und in ihm ein immerwährendes und sichtbares Prinzip und Fundament der Glaubenseinheit und der Gemeinschaft eingesetzt" (Lumen gentium 18). Auf diesen Felsen baut der Herr beständig seine Kirche, die er in Petrus unerschütterlich gegründet hat. Die

Nachfolger des Heiligen Petrus sind seit dem Martyrium des Apostels unter Kaiser Nero die Päpste. Ihretwegen gilt vielen Menschen die Stadt Rom mit Recht noch immer als Caput mundi.

Es ist freilich nicht die Mondänität der Weltbürger – in der civitas terrena –, sondern die Bürgerschaft der Gläubigen im Reich Gottes – in der civitas Dei –, was den Glanz des christlichen Rom ausmacht. Und nur um die beiden Apostelfürsten Petrus und Paulus zu verehren, eilen gläubige wie suchende Menschen zu den Türschwellen ihrer Grabeskirchen – ad limina Apostolorum.

Wegen des universalen Lehr- und Hirtenamtes des Papstes wird die römische Kirche als Mutter und Lehrerin aller Kirchen in der ganzen Welt gerühmt – mater et magistra omnium ecclesiarum.

Derselbe Herr Jesus, der Simon an die Spitze seiner Jünger stellte, um in seinen Nachfolgern für alle Zeiten das Bekenntnis zu „Christus, dem Sohn des lebendigen Gottes" (Mt 16,16) auszusprechen, hat ihm die Schlüssel des Himmelreiches ausgehändigt. Die Schlüssel Petri hält nun der Papst in den Händen. Auch bei Gegenwind und Sturm muss er durch tosende Wogen das Schifflein Petri auf Christus-Kurs steuern.

Denn nur Jesus, das göttliche Wort, das unser Fleisch angenommen hat (Joh 1,14), ist „der Weg und die Wahrheit und das Leben" (Joh 14,6). Niemand kommt zu Gott außer durch IHN. Er eint die Jünger im dreifaltigen Gott und stiftet die Gemeinschaft der Jünger untereinander. „ER ist das Haupt des Leibes, der Leib aber ist die Kirche. Gott wollte mit seiner ganzen Fülle in ihm wohnen, um durch ihn alles zu versöhnen. Alles im Himmel und auf der Erde wollte er zu Christus führen, der Friede gestiftet hat am Kreuz durch sein Blut." (Kol 1,20)

Der auferstandene Herr sagte zu den elf Jüngern mit „Simon, genannt Petrus, an erster Stelle" (Mt 10,2): „Mir ist alle Macht gegeben im Himmel und auf der Erde. Darum geht zu allen Völkern, und macht alle Menschen zu meinen Jüngern: tauft sie auf den Namen des Vaters und des Sohnes und des Heiligen Geistes, und lehrt sie, alles zu befolgen, was ich euch geboten habe. Seid gewiss: Ich bin bei euch alle Tage bis zum Ende der Welt." (Mt 28,18–20)

Der heilige Bischof Ignatius von Antiochien, der um das Jahr 110 n. Chr. in Rom das Martyrium erlitt, nennt zum ersten Mal die universale und rechtgläubige Kirche Christi: *die katholische Kirche*. „Wo der Bischof erscheint, dort soll die Gemeinde sein, wie da, wo Christus Jesus ist, die katholische Kirche ist." (IgnSmy 8,2) „Die gotteswürdige Kirche von Rom führt den Vorsitz in der Liebe … entsprechend dem Glauben und der Liebe Jesu Christi, unseres Gottes." (IgnRom, Prol.) Mit dieser Selbstbezeichnung „katholisch" grenzt sich die universale Kirche von den Apostaten, den Schismatikern und Häretikern ab. Das sind getaufte Mitglieder der katholischen Kirche, die vom Glauben abgefallen sind, d. h. solche, die die volle Gemeinschaft mit ihr aufgaben oder Katholiken, die die Wahrheit ihrer apostolischen Lehre verkürzten oder verfälschten. Das Wort „katholisch" stiftet aber auch die Identität der Christen in der Einheit der Kirche und der Wahrheit des Glaubens. „Katholisch" mit seiner Ausrichtung am Primat der römischen Kirche ist ein Synonym für orthodox, das Kennzeichen der Rechtgläubigkeit. Sie ist auch evangelisch, weil das Evangelium vom Reiche Gottes identisch ist mit ihrem Glaubensbekenntnis. Sie ist christlich, weil sie die Kirche Christi ist.

Im 4. Jahrhundert fand der Heilige Pacianus, Bischof von Barcelona, dafür die komprimierte Definition: „Christ ist mein Name, katholisch mein Familienname … weil unser Volk durch diese Bezeichnung vom häretischen Namen unterschieden wird, indem es öffentlich katholisch genannt wird – Christianus mihi nomen est, catholicus vero cognomen." (Ep. 1 c.4)

In seinen berühmten Katechesen, die der Erzbischof Cyrill von Jerusalem 348 n. Chr. an die Neugetauften in der Grabeskirche gehalten hat, erklärt er, warum die Kirche katholisch ist: „Die Kirche heißt katholisch, weil sie auf dem ganzen Erdenkreis ausgebreitet ist, weil sie allgemein und ohne Unterlass all das lehrt, was der Mensch von dem Sichtbaren und Unsichtbaren, von dem Himmlischen und Irdischen wissen muss, weil sie das ganze Menschengeschlecht, Herrscher und Untertanen, Gebildete und Ungebildete, zur Gottesverehrung führt, weil sie allgemein jede Art von Sünden, die mit der Seele und mit dem Leibe begangen werden, behandelt und heilt, endlich, weil sie in sich jede Art von Tugend, die es gibt, besitzt, mag sich dieselbe in Werken oder Worten oder in irgendwelchen Gnadengaben offenbaren." (Cat. XVIII, 23)

Die eine und einzige Kirche Christi ist katholisch und apostolisch, weil sie dem universalen, d. h. ja, dem katholischen Heilswillen Gottes dient, der will, dass durch den einzigen Mittler zwischen Gott und den Menschen „alle Menschen gerettet werden und zur Erkenntnis der Wahrheit gelangen" (1Tim 2,4f).

Nirgendwo sonst als in Rom zeigt sich die Kirche zärtlicher als die Mutter der Gläubigen, die alle Kinder in ihre Arme nimmt und ihnen ein Heimatgefühl in der Familie Gottes vermittelt. Ein Katholik fühlt in seinem Herzen, wo immer er an der Eucharistie teilnimmt und in welcher Sprache sie gefeiert werden mag: *Überall bin ich zu Hause.* Wir sind zwar nur Gast auf Erden und wandern in den Reihen der pilgernden Kirche der ewigen Heimat zu (Hebr 13,14). Und dort erwartet uns das Gericht über unser Leben, aber wir hoffen zugleich voll Zuversicht auf die unverdiente Gnade unseres Richters. „Unsere Heimat aber ist im Himmel. Von dorther erwarten wir auch Jesus Christus, den Herrn, als Retter, der unseren armseligen Leib verwandeln wird in die Gestalt seines verherrlichten Leibes, in der Kraft, mit der er sich alles unterwerfen kann." (Phil 3,20)

Denn wir haben im gegenwärtigen und kommenden Reich Gottes volles Bürgerrecht. Wir sind von keiner Diesseits-Jenseits-

Dialektik hin- und hergerissen. Die Melancholie der Vergänglichkeit umnachtet nicht unseren Verstand. Und das Herz verendet nicht im Schmerz und in der Wut, dass am Ende alles umsonst war. Wie oft hörte man den bitteren Seufzer der dem Wahn ewiger Jugend Verfallenen, als das Alter nicht mehr zu leugnen war: „Soll das alles gewesen sein?"

Gegen den ontologischen und existentiellen Nihilismus ist nur ein Kraut gewachsen: das ist der christliche Positivismus. Es ist besser zu sein, als nicht zu sein. „Gott sah, dass alles, was er gemacht hatte, *sehr gut* war" (Gen 1,31). Nur wer einmal empfangen und geboren wurde, hat Aussicht auf das ewige Leben. „Denn Gott hat den Menschen zur Unvergänglichkeit erschaffen und ihn zum Bild seines eigenes Wesens gemacht." (Weish 2,23)

Und das Sein, aus dem alles, was ist, lebt und denkt, wie aus einer unausschöpfbaren Quelle hervorgeht, ist ein Sein zum Leben und nicht zum Tode. Der Sinn von Sein ist Liebe. Sie ist stärker als der Tod. „Auch mächtige Wasser können die Liebe nicht auslöschen; auch Ströme schwemmen sie nicht weg." (Hld 8,7)

Darum ist alles Seiende eins, gut und wahr – omne ens est unum, verum, bonum. Gott ist Ursprung und Ziel von Mensch und Welt – Deus est principium et finis omnium rerum. Nicht irgendein ausgedachtes höchstes Wesen, ein Postulat der moralischen oder ein Ideal der spekulativen Vernunft, sondern der lebendige Gott des universalen Heilswillens hat am Gottesberg Horeb seinen Namen dem Mose geoffenbart: „Ich bin, der ich bin." (Ex 3,14)

Die göttliche Majestät neigt sich einem Schafshirten zu und scheut nicht den Staub der Wüste. Denn er ist unser Hüter und Hirt. Wir sind aus dem Staub der Erde gemacht und doch mit Gottes Ehre und Herrlichkeit gekrönt (Ps 8,6). Wer in der Wüste durchhält, den erwartet der Garten Eden mit dem Baum der Erkenntnis und den Wassern des Lebens (Gen 2,9).

Gott musste nicht warten bis die gepuderten und perückten Philosophen eines Pariser Salons ihm im 18. Jahrhundert indigniert die Türe öffneten, um ihn spöttisch mit der Theodizee-Problematik in die Zange zu nehmen. Er lässt sich nicht in Begriffen der endlichen Vernunft umfassen oder in der Magie des Kulturbetriebs manipulieren. Der göttliche Intellekt, der die Vernunft in Person ist, braucht sich nicht von der Kritik der Sterblichen zur Räson bringen zu lassen.

Er selbst öffnet unser Herz und kommt uns nah als der Retter: „Wie heißt er, der dich gesandt hat?" fragt das Volk, „und Gott antwortet dem Mose: Ich bin der ‚Ich bin da'." (Ex 3,14) Er ist der Gott Abrahams, Isaak und Jakobs und der Gott und Vater Jesu, seines Sohnes, das Wort, das unser Fleisch angenommen hat. „Das ist mein Name für immer, und so wird man mich nennen in allen Generationen." (Ex 3,15). Gott entzieht sich unserer objektivierenden Frage, ob es ihn wie einen Gegenstand der Sinneserfahrung oder des abstrakten Begriffs gibt oder nicht.

Im „Memorial" des Philosophen und Mathematikers Blaise Pascal findet sich die Lösung des Gegensatzes zwischen dem Denken des Herzens und der kalten Vernunft, als im „Jahr der Gnade 1654" seine Seele berührt wird vom Glück der Nähe Gottes:

Feuer
„Gott Abrahams, Gott Isaaks, Gott Jakobs",
nicht der Philosophen und Gelehrten.
Gewissheit, Gewissheit, Empfinden: Freude, Friede.
Gott Jesu Christi
Deum verum et Deum vestrum.
„Dein Gott wird mein Gott sein".[1]

Gott in seinem unbegreiflichen Mysterium offenbart sich in seinen Worten und Taten und zutiefst in seinem *Namen*. Und so treten wir in eine Relation zu ihm von Ich zu Ich. Gott ist Person in Beziehung zu sich in der Trinität und zu uns in der Heilsgeschichte, in Inkarnation, Kreuz und Auferstehung Christi. Sein Name ist „Immanuel – Gott ist mit uns" (Mt 1,23). „Denn es ist uns Menschen kein anderer Name unter dem Himmel gegeben, durch den wir gerettet werden sollen: Jesus." (Apg 4,12) Wir sind getauft auf den *Namen* des Vaters und des Sohnes und des Heiligen Geistes (Mt 28,19). Und nach der Weisung Jesu beten wir täglich: „Vater unser im Himmel, geheiligt werde dein Name." (Mt 6,9)

Wenn an Weihnachten und Ostern die dicht gedrängte Menge auf dem Petersplatz und die Millionen Menschen am Bildschirm auf die Loggia von St. Peter blicken, wo der Papst sich zeigt, dann erlebt man Heilsgeschichte und Weltkirche zum Anfassen. Wie „Petrus, zusammen mit den Elf" (Apg 2,14) am Pfingstfest tritt auch der Papst öffentlich auf, „erhebt seine Stimme und beginnt zu reden" von dem gekreuzigten Jesus, „den Gott zum Herrn und Messias gemacht hat." (Apg 2,36) Die Universalität des Heilswillen Gottes, der die Menschen in der Kirche Christi zusammenführen will, vollzieht sich im Heiligen Geist, der auf alles Fleisch ausgegossen wurde (Apg 2,17): „Denn euch und euren Kindern gilt die Verheißung und *all denen in der Ferne* (vgl. Jes 57,19), die der Herr, unser Gott, herbeirufen wird." (Apg 2, 39)

Da zitiert der junge Theologie-Student so andächtig einen alten Kirchenvater „Niemand kann Gott zum Vater haben, der die Kirche nicht zur Mutter hat" (Cyprian, De unit. eccl. 6), dass die zwei Ministrantinnen an seinem Cafetisch über so viel Gelehrsamkeit nur so staunen. Urbi et orbi erteilt der Papst in einem Akt höchster Symbolik allen den „Segen Gottes, der unsere Gemeinschaft mit Christus im Himmel" (Eph 1,3) bezeichnet. Auch die von der Kirche Distanzierten und vom Leben Enttäuschten, die Andersgläubigen und sogar einige Skeptiker spüren ein wenig vom Hauch des christlichen Glaubens, der Völker verbindet und Hoffnungen weckt.

Jeden, mag ihn mehr das antike oder das christliche Rom angezogen haben, ergreift jene Hochstimmung, die Johann Wolfgang Goethe zum Allerheiligentag 1786 am Ziel seiner Italienreise den Seufzer entlockte: „Ja, ich bin endlich in dieser Hauptstadt der Welt angelangt."[2] Und in der Eintragung vom 3. Dezember fügt er hinzu: „Wie mir's in der Naturgeschichte erging, geht es auch hier, denn an diesen Ort knüpft sich die ganze Geschichte der Welt an, und ich zähle einen zweiten Geburtstag, eine wahre Wiedergeburt, von dem Tag, da ich Rom betrat.[3] Rom ist in jeder Hinsicht ein Symbol für die Einheit des Glaubens, der Kirche und der ganzen Menschheit.

In Rom und überall kann aber der Enthusiasmus für einen populären Papst die Sorgen des obersten Hirten für die Kirche auf der ganzen Welt – die sollicitudo omnium ecclesiarum – nicht übertönen. Die schleichende und offen betriebene Entchristlichung der westlichen Welt, die Einheit der Christenheit unter dem einen Hirten Jesus Christus, der Antagonismus der politischen Kräfte fordern seinen Einsatz zusammen mit den Bischöfen und allen Gläubigen für die Neuevangelisierung, den ökumenische Weg zur Wiedervereinigung aller Gläubigen in der einen Herde Christi, und seine moralische Autorität für die weltweite Geltung der Menschenrechte, der sozialen Gerechtigkeit und des Friedens in der Völkerfamilie.

Der Katholik weiß darum in einem tieferen geistlichen Sinn, warum „alle Wege nach Rom führen" – „tous les chemins vont à Rome". Da hatte sogar Voltaire mal Recht. Der Katholik denkt jedoch nicht zuerst an Rom als Hauptstadt eines Weltreiches, das Kaiser Augustus mit dem Goldenen Meilenstein (milliarium aureum) auf dem Forum Romanum ins Zentrum seiner Macht rückte, oder an Rom als kulturellen Mittelpunkt Europas im

Zeitalter von Renaissance und Barock. Vor den Augen seines Geistes steht das Reich Gottes und die Einheit der Menschen im Glauben an Jesus Christus in der Gemeinschaft Seiner Kirche: unus Christus – una fides – una ecclesia (Eph 4,4–6).

Der Goldene Meilenstein der gesamten Welt- und Menschheitsgeschichte ist nicht mehr an einen Raum- und Zeitpunkt gebunden, sondern in einer Person an jedem Ort und zu jeder Zeit jedem Menschen unmittelbar gegenwärtig. „Denn als die Zeit erfüllt war, sandte Gott seinen Sohn, geboren von einer Frau und dem Gesetz unterstellt, damit er die freikaufe, die unter dem Gesetz stehen, und damit wir die Sohnschaft erlangen." (Gal 4,4)

Darum ist das Rom der Apostelfürsten Petrus und Paulus auch nicht das centrum unitatis eines religös-sozialen Weltreiches mit seinen Provinzen und Peripherien, wie selbst die Gallikaner und Febronianer einräumten, sondern das principium unitatis der Gemeinschaft von Ortskirchen. Die römische Kirche ist nicht die Fortsetzung des Imperium Romanum, sondern seine Überbietung. Der Papst ist in den Ortskirchen präsent und die Ortskirchen sind in Petrus vereint als die sichtbare katholische Kirche mit ihrem Glaubensbekenntnis, ihrer Liturgie und hierarchisch-sakramentalen Verfassung. Denn das Haupt und Zentrum der Universalkirche und der Ortskirchen im eigentlichen Sinn ist Christus – das fundamentum principale – und ihre Seele ist der Heilige Geist. Er gibt den Gliedern dieses Leibes Leben und vereint die Jünger Christi in Glauben, Hoffnung und Liebe. Der Apostel und ihre Nachfolger im Bischofsamt mit der apostolischen und kirchlichen Lehre sind nur im sekundären Sinn Prinzip und Fundament der Einheit der sichtbaren Kirche, indem der erhöhte Herr vernehmbar sein Wort durch sie spricht und zu unserm Heil in den Sakramenten handelt.[4] Die Kirche will nicht Weltherrschaft und sucht nicht Nähe zu den Mächtigen, zu Privilegien und sozialen Medien; und wenn, dann nur, um den ethi-

15

schen Imperativ in die weltliche Macht einzupflanzen. Sie ist nur Kirche Christi als Kirche für andere (Dietrich Bonhoeffer), wenn sie für das Kommen des Reiches Gottes betet, leidet und wirkt.

Petrus wurde in Rom wie sein Herr gekreuzigt, aber mit dem Kopf nach unten, Paulus als römischer Bürger wurde mit dem Schwert hingerichtet. Das ist die martyrologische Begründung der Autorität der Heiligen Römischen Kirche. „Wir verkündigen Christus als den Gekreuzigten: für Juden ein empörendes Ärgernis, für Heiden eine Torheit." (1Kor 1,23) Die kritische Distanz zur Welt und nicht schlaue Kumpaneien und diplomatische Absprachen mit den „Weisen und den Mächtigen im irdischen Sinn" (1Kor 1,26) beglaubigt die Autorität des wahren Apostels, „damit sich euer Glaube nicht auf Menschenweisheit stütze, sondern auf die Kraft Gottes." (1Kor 2,5)

Wie muss im heidnischen Rom in den Ohren dieser unübersehbaren Scharen von Sklaven, die ihrer Menschenwürde und jeder Hoffnung beraubt waren, die christliche Botschaft geklungen haben: „Du bist nicht mehr Sklave, sondern Sohn." (Gal 4,47) Und das gilt auch uns heute und morgen. Wer sich in aller Verweltlichung und Abstumpfung nur ein letztes Gefühl für die Fragilität der menschlichen Existenz bewahrt hat, den reißt das Evangelium Christi aus der Lethargie der Gottvergessenheit. Denn kein anderer als der Sohn Gottes und Retter der Welt verbürgt uns die Hoffnung, die alles Leid dieser Welt tröstet: „Die Schöpfung soll von der Sklaverei und Verlorenheit befreit werden zur Freiheit und Herrlichkeit der Kinder Gottes." (Röm 8,21)

Letztlich bleibt es egal, ob und an welcher Stelle man auf der Forbes-Liste der reichsten Männer und Frauen dieser Welt platziert ist. Entscheidend ist, wer das letzte Wort hat. Wer stärker ist als der Tod, der hat Recht. Wer auf Gottes Liste steht, der überlebt nicht bis zur nächsten Gefahr, sondern hat das Leben für immer.

Der Tourist schaut sich in Rom nur um und kehrt mit seinen Impressionen wieder heim und weiß nicht, was er damit anfangen soll. Der Katholik kommt als Pilger an die Stätten der Apostel Petrus und Paulus, um seinen Glauben an ihrem Zeugnis von Jesus dem Christus zu stärken. Und er kehrt nach Hause zurück als Expressionist, der ausdrucksstark und hoffnungsfroh sein Christsein in Kirche und Welt lebt. Am Grab des Heiligen Petrus bekennt er mit dem Ersten der Apostel. „Du bist Christus, der Sohn des lebendigen Gottes" (Mt 16,16). Ohne sophistische Klügeleien nimmt er das Jesus-Wort in allen seinen Dimensionen ernst: „Du bist Petrus, der Fels, und auf diesen Felsen werde ich meine Kirche bauen." (Mt 16,18). Es gibt nur ein „Haus Gottes, welches die Kirche des lebendigen Gottes ist, Säule und Fundament der Wahrheit." (1Tim 3,15)

Nicht nur symbolisch, sondern auch real ist die eine, heilige, katholische und apostolische Kirche „in Christus gleichsam das Sakrament, das heißt Zeichen und Werkzeug für die innigste Vereinigung mit Gott wie für die Einheit der ganzen Menschheit." (Lumen gentium 1) Die Kirche ist das Sakrament der Vereinigung mit Gott und der Einheit des Menschengeschlechtes – intimae cum Deo unionis totiusque generis humanae. In der Gemeinschaft der örtlichen Kirchen, aus denen und in denen die katholische Kirche besteht, hat die römische Kirche den Primat der Lehre und der Leitung. Sie bewahrt die Gläubigen in der Einheit des Glaubens gegen Irrlehren und Spaltungen. Die heilige römische Kirche hat den Auftrag vom Herrn, alle Christen in die volle Gemeinschaft mit der katholischen Kirche zu führen.

Die katholische Kirche ist *eine* in ihrer Gründung, *einzig* in ihrer Sendung und *eins* in ihrem Leben (una, unica et unita), weil sie in Christus ihren Grund und ihr wahres Haupt hat, das im Apostel Petrus sichtbar ist. Kein Katholik kommt nach Rom ohne zu wissen, „dass er zum Stuhl Petri (ad cathedra Petri) und zur Hauptkirche (ecclesia principalis) pilgert, dem Ausgangspunkt der bischöflichen Einheit und ohne zu bedenken, dass es die Römer sind, deren Glaubenstreue der Apostel lobt und rühmt und zu denen Irrglaube keinen Zutritt finden kann." (Cyprian von Karthago, Ep. 59,14) Das ist die weltgeschichtliche Sendung der römischen Kirche.

Die Existenzberechtigung ihres Primates besteht einzig und allein darin, die Einheit der universalen Kirche im Glauben zu sichern und zu fördern. Damit verbunden ist der Auftrag, für die Einheit der Menschheitsfamilie zu werben, für die Würde jedes Menschen zu kämpfen und ihm seine göttliche Berufung vor Augen zu halten. Der Papst ist die höchste moralische Autorität der Menschheit, weil er das natürliche Sittengesetz unmissverständlich artikuliert: Das Gute ist zu tun; das Böse aber zu meiden.

Das sind so die ersten Gedanken, die jedem gläubigen Katholiken spontan durch den Kopf gehen, wenn ihn die Aura der Stadt der Apostelfürsten berührt.

Als einmal ein Kardinal am einem Hohen Feiertag nach der Papstmesse durch die Kolonnaden nach Hause strebte, rief ihm ein Journalist laut gestikulierend aus der Menschenmenge zu: Sehen wir uns heute noch in der deutschen Botschaft beim Heiligen Stuhl? Der Kardinal gestikulierte das Ja.

Anmerkungen

[1] Œuvres complètes, Gallimard, Paris 1954 m 554.
[2] Italienische Reise: Hamburger Ausgabe 11, 123.
[3] Ebd. 147.
[4] Thomas von Aquin, *In Symb. Apost* 9.

Ein Frühlingsabend in der deutschen Botschaft

Zum Empfang in der Deutschen Botschaft beim Heiligen Stuhl eingeladen sind nicht nur deutsche Staatsbürger. Alles, was Rang und Namen hat im kirchlichen Rom, gibt sich hier gerne ein Stelldichein. Nirgendwo auf der Welt ist darum die deutsche Kirche weniger provinziell und auffallend weltkirchlicher als in der Deutschen Botschaft beim Heiligen Stuhl. Alle Sprachen der Katholiken und Nichtkatholiken in Rom sind zu hören. Aber jeder kann sich mit jedem auf Italienisch und Englisch verständigen. Ein großer Kreis hat sich eingefunden. Alle treibt es bei dem milden Wetter in den herrlichen Garten. Es bilden sich Tischgruppen in wechselnder Besetzung. Die Themen werden mehr stichwortartig angesprochen als vertieft. Was herauskommt ist ein Stimmungsbarometer und eine Gerüchtebörse, was in Kirche und Politik so vor sich geht. Wer Ohren hat, der bekommt so manches zu hören.

Als der Kardinal eintritt, drehen sich alle Blicke zu ihm. In Rom wird ein Kardinal – man möchte es kaum glauben – taxiert nach seinem politischen Marktwert am päpstlichen Hof. Theologische Kompetenz gilt wenig und wird mit der Karikatur vom Gelehrten im Elfenbeinturm neutralisiert. Die vermutete Gunst Seiner Heiligkeit und die Freundschaft zu seinen engsten Vertrauten verspricht verlässlichere Informationen und die heiß ersehnte Chance, selbst einmal ganz, ganz nahe an den Papst heranzukommen und mit einem Pöstchen oder gar einer Mitra belohnt zu werden. Das erklärt, warum die meisten Teilnehmer etwas verdeckt reden und der Außenstehende Mühe hat mit der Dechiffrierung aller Metaphern und Andeutungen. Man braucht das Passwort, um auf die richtige Seite zu kommen.

Eine Prise deutscher Direktheit bringt Entlastung, wenn die kurialen Pfade allzu verschlungen sind. Man macht sich nicht beliebt, leistet aber der Kirche und Ökumene einen guten Dienst, wenn man mit etwas germanischem Trotz daran erinnert, dass mit der Unsichtbarkeit der Kirche nicht die verdeckten Machtspiele, Personalpolitiken, Kombinationen und Nepotismen hinter den Kulissen gemeint sein können. Man denke nur an das Zweite Vatikanische Konzil, wo an die klassische Verhältnisbestimmung von der sichtbaren und unsichtbaren Dimension der einen Kirche erinnert wird. Die unsichtbare Kirche ist das höhere Ziel der sakramentalen Kirche, nämlich die Gemeinschaft mit Gott in der Gnade aufgrund von Glaube, Hoffnung und Liebe. „Das gesellschaftliche Gefüge der Kirche dient dem Geist Christi, der es belebt, zum Wachstum seines Leibes" (Lumen gentium 8). So hebt sich das allzu Menschliche im Umgang mit dem Heiligen deutlich ab von der inkarnatorisch begründeten, menschlichen Gestalt der Heilsvermittlung.

Im ersten Stuhlkreis

Deutscher Bischof
Wenn man die jubelnden Massen auf dem Petersplatz sieht, spürt man: Die Kirche ist jung und dynamisch. Wir sind Kirche im Aufbruch. Schauen wir mal, wohin der Geist uns führt. Was soll das Gerede von der leeren Kirchen, Klöstern und Seminaren bei uns. Wo etwas geboten wird, sind die Leute da. Das ist halt so mit der Event-Kultur. Der Papst kommt positiv rüber. Wir stehen mit dem Franziskus-Effekt nicht mehr am Pranger der links-liberalen Medien. Die Kirche ist aus der Selbstblockade ausgebrochen und geht nun mit der Welt Hand in Hand. Wir sind kein Fremdkörper mehr in der Moderne. Früher sprach man in Mystik und Aszetik von der conformitas cum Christo. Heute ist mainstream und political correctness angesagt. Nur wer bei den Medien ankommt, ist nahe bei den Menschen. Ein guter Bischof eckt

nicht an, sondern schaut den Leuten aufs Maul und redet ihnen nach dem Mund. Es gibt einen Bärenhunger nach dem gemeinsamen Abendmahl und die Bereitschaft zum Engagement ist ungebremst. Hat nicht ein Kabarettist unter frenetischem Beifall des Katholikentagspublikums zurecht auf die gemeinsame Verantwortung für die Schöpfung hingewiesen? Vielleicht etwas schlaksig formuliert – das gebe ich zu – hat er aber doch den Streit um „die Oblaten beim Abendmahl" relativiert. Ich lass das einfach mal so stehen und warte ab, was das mit mir macht.

Was der Einzelne glaubt, muss er eh mit seinem Gewissen ausmachen. Vorsicht vor denen, die das Glaubensbekenntnis und die Dogmen wie eine Monstranz vor sich her tragen. Die verabsolutieren doch nur ihre eigenen verstaubten Meinungen, die man niemanden mehr vermitteln kann. Lieber wenige flexible Pfarrer als ein Haufen konservativer Bremser.

Ein deutschsprachiger Amtsbruder erklärt sich mit ihm solidarisch
Vor Franziskus wurden wir als ein Relikt aus dem Mittelalter verlacht. Jetzt haben wir die Lacher nicht nur auf unserer Seite, sondern wir sind auf der Seite der Lacher. Das ist sozusagen die Volksfront der religiösen und atheistischen Liberalen gegen die Orthodoxen und Reaktionäre auf allen Seiten. Und jetzt sehen meine Augen doch noch den Anschluss an die Neuzeit. So möchte ich das Nunc dimittis des greisen Simeon im Tempel aktualisieren. Und hatte nicht Kardinal Martini mit Recht beklagt, dass die Kirche 200 Jahre der Aufklärung hinterher hinkt. Wie würde er sich freuen, wenn er das alles noch erleben dürfte. Die harte Arbeit des Geheimbundes von St. Gallen trägt jetzt reiche Früchte. Nicht die Leute kommen zur Kirche – das war die veraltete Methode. Die Kirche geht in der Welt auf oder unter – je nachdem, durch welche Brille man das betrachtet.

Ein Referent aus dem Sekretariat der Bischofskonferenz
Ohne etwas von den nicht verhandelbaren Werten aufzugeben, ist
heute eine neue Flexibilität angesagt, die übrigens nicht mit
Beliebigkeit verwechselt werden darf. Die notwendige Pluralisie-
rung des Christentums und die Differenzierung der Gesellschaft
kann man nicht plump unter Relativismusverdacht stellen. Der
Papst weiß genau, warum er den Leuten nicht mit ewigen Wahrheiten und strengen Moralgesetzen kommt. Da lässt sich nichts
mehr bewegen. Aber er punktet beim Umweltschutz, den Immig-
ranten, der Kritik am Neoliberalismus und die Mafia hat er
exkommuniziert. Mit Dogmatismus ist keinem geholfen. Pastoral
im Einzelfall und nicht die abstrakten Lehren ist das, was der
Mensch von heute in all seiner Fragilität braucht. Barmherzigkeit
gegenüber den Gescheiterten und nicht die Selbstgerechtigkeit
der Gesetzeslehrer ist doch das, was Jesus heute auch predigen
würde.

Und überhaupt sein Einsatz für die Armen öffnet die Herzen
auch der eingefleischten Sozialisten, die ihn sogar als heimlichen
Führer ihrer Internationalen anerkennen. Wer hätte sich das vorstellen können: der Papst bei den Rechten verhasst und bei den
Linken der Held? Das Beste im Pontifikat Benedikts war sein
Rücktritt. So kann Franziskus den Reformstau abbauen. Das
Ziel der Gruppe von St. Gallen, endlich einen liberalen Papst
nach den beiden Bremsern vor ihm auf den Stuhl Petri zu hieven,
ist erreicht. Kardinal Danneels von Brüssel, der mutig den Geist
des Konzils gegen vorkonziliares Denken verteidigte, hat es selbst
bestätigt. Endlich können wir dort weitermachen, wo die Reformen des Zweiten Vatikanischen Konzils gestoppt wurden. Die
restaurative Phase unter Johannes Paul II. und mit einer Verlängerung unter Benedikt XVI. hat uns in einen Kampf mit der
Moderne verwickelt, den wir nicht gewinnen können.

Es gibt keine Neuevangelisierung, wenn wir nicht endlich –
meinetwegen kann die Amazonas-Synode den Anfang machen –

verheiratete Priester haben, wenn die Diakoninnen kommen, damit die Frauen sich endlich wertgeschätzt fühlen, wenn es keine Schranken mehr gibt bei der Ehe für alle. Ich kenne viele homosexuelle Paare, die Werte leben und Verantwortung übernehmen. Und schließlich muss doch endlich die Kommunion auch für wiederverheiratete Geschiedene und Protestanten kommen – natürlich im Einzelfall. Ein Theologe hat neuerdings entdeckt, dass wegen des allgemeinen Heilswillen Gottes, die Sakramente nur Zeichen sind für das, was ohnehin schon passiert ist. Die katholische Lehre von der Heilsnotwendigkeit der Sakramente ist damit veraltet. Gott gebraucht doch die Sakramente nicht wie Instrumente, um die Gnade mit Werkzeugen zu übermitteln. Das ist doch ganz dinglich gedacht, nicht personal. Da sind wir ja bald schon beim Uhrmacher-Gott der Deisten. Wir dürfen einfach nicht mehr so stur an den überholten Dogmen festhalten oder die Liturgie mit Magie und Aberglauben verwechseln.

Der deutsche Bischof – wieder einmal

Mit dieser Agenda schlagen wir zwei Fliegen mit einer Klappe. Der Abstand zum Protestantismus wird verringert und wir haben alle Hindernisse für eine bürgernahe Kirche aus dem Weg geräumt. Warum sollen wir unter den 40.000 christlichen Denominationen wie ein erratischer Block stehen und einen völlig unrealistischen Alleinvertretungsanspruch erheben, wie es die unglückliche Erklärung „Dominus Jesus" im Jahr 2000 noch einmal versuchte. Mit diesen alten Parolen „Menschen für Christus zu gewinnen" oder „Leben aus dem Glauben" langweilen wir doch nur die Leute. Wir müssen gesellschaftliche Themen besetzen, damit wir in Politik und Medien gefragte Gesprächspartner sind. Lieber in einer vollen Talkshow als einsam vor dem Tabernakel. Die belgische Kirche macht es richtig. Weil sich für den Glauben niemand mehr interessiert, hat sie eine moderne Agenda aufgelegt, mit der sie Aufmerksamkeit schafft: Abschaffung des

Zölibats, Frauenpriestertum, Segnung von Homosexuellen, Barmherzigkeit für die jungen Leute, die unter der strengen Sexualmoral leiden und an ihr krank werden, die Kommunion für wiederverheiratete Geschiedene. Den laxen Umgang mit pädophilen Klerikern lassen wir mal beiseite, da sind konservativ-katholische Länder auch nicht besser.

Ich träume davon, dass wir einfach Teil einer säkularen Religion werden. Dialog statt frontale Verkündigung. Kein Katholik würde dann noch in der Öffentlichkeit angefeindet werden. Dann könnten auch diese konservativen Fundis nicht länger das Wort des Apostels Paulus missbrauchen, mit dem sie doch nur die notwendige Modernisierung der Kirche verhindern wollen. „Gleicht euch nicht dieser Welt an, sondern wandelt euch und erneuert euer Denken, damit ihr prüfen könnt, was der Wille Gottes ist." (Röm 12,2) Wenn Paulus sagt „Ein anders Fundament kann niemand legen, als das gelegt ist: Jesus Christus" (1Kor 3,11) meint es doch den Dialog als Grundlage des Zusammenlebens, nicht dass wir anderen unsern Glauben an Christus aufdrängen sollen. Der Fundamentalismus von John Paul II. is over and Ratzinger too.

Ein polnischer Priester
Wir sind stolz auf unseren Landsmann. Er ist der größte Pole in unserer ganzen Geschichte. Nur traditionalistisch kann bei uns der Katholizismus nicht sein, wenn er zwei Diktaturen mit ihren blutigen Verfolgungen über 50 Jahre lang widerstanden hat. Das ganze Dilemma habt ihr Deutsche uns mit eurem Hitler eingebrockt. Ihr habt 120 Seminaristen, wir 3500 junge Männer, die ihre Berufung zu diesem heiligen Dienst prüfen. Johannes Paul II. hatte Wesentliches dazu beigetragen, dass die unmenschlichen Systeme im Sowjetischen Block zum Einsturz gebracht wurden. Die erste demokratische Verfassung in Europa stammt übrigens aus Polen im Jahr 1791, bevor eure aufgeklärten Herrscher in

Österreich, Russland und Preußen mein Vaterland ihren Imperien unterworfen haben. Die größte Abfolge von Aufständen gegen die Fremdherrschaft ausländischer und inländischer Diktatoren in Europa hat im 19. und 20. Jahrhundert bei uns stattgefunden. Wir sind ein Volk von Freiheitskämpfern. Wenn man unser Land von seinen christlichen Wurzeln abschneidet, dann wäre Polen nur ein Territorium, das eine dumpfe Konsumgesellschaft beherbergt. Dann ist nichts mehr mit Freiheit und Menschenwürde.

Ein deutscher Bischof

Aber jetzt haut der Materialismus auch bei euch mächtig rein. Und das bewirkt eine Normalisierung der Kirche auch bei euch unter den Bedingungen der modernen säkularen Kultur, wie uns soziologische Analysen bestätigen. Der Westen ist die Leitkultur der Welt. Ihr müsst euch an der deutschen Kirche ein Vorbild nehmen. Denn wir wissen besser, wie die Kirche in einer säkularen Kultur überlebt, d. h. wie eine demokratische und pluralistische Gesellschaft funktioniert. Wir haben in Deutschland gar keinen Priestermangel. Wir legen einfach die Pfarreien zusammen. Wir hatten in meiner Diözese 700 Pfarreien. Bei 300 Priestern ergab das einen Mangel von 400 Pfarrern. In unserem Planungsteam haben wir auch künstliche Intelligenz eingesetzt. Die Entscheidung bei unserer 3-jährigen Diözesansynode fiel einstimmig. Den Pastoralplan setzen wir jetzt ohne Rücksicht auf Verluste um. Jetzt sind wir auf 120 Seelsorgseinheiten gesund geschrumpft mit je einem Pfarrer an der Spitze. Und schon haben einen Klerikerüberschuss. Wir wissen gar nicht, was wir mit all den überzähligen Priestern machen sollen. Und es ist sowieso besser, dass du nicht um jede Ecke einen Priester triffst. Die Laien wollen endlich einmal ihre eignen Charismen entfalten. Auf diese Gelegenheit musste die katholische Kirche seit der Tridentinischen Restauration warten. Die Zeit des Aufbruchs zu neuen Ufern ist gekommen. Die Tendenz zu Null bei den Neuanmeldungen im Priesterseminar ist keineswegs ein Zeichen des Niedergangs. Er bietet die große Chance, die Eigenverantwortung der Gemeinden zu stärken. Jetzt kann die klerikalistische Engführung der Kirche aktiv überwunden werden.

Und wenn ihr uns unentwegt unsere leeren Kirchen vorhalten wollt, dann muss ich schon stolz auf unsere sozialen Werke verweisen und auch auf unsere vielen theologischen Fakultäten. Da ist die deutsche Kirche Weltmeister. Im Übrigen ist Liturgie nur eine Dimension der Kirche unter anderen. Caritas und Diakonie sind genauso wichtig, wenn nicht noch wichtiger in der heutigen Welt. Da ist Kirche näher bei den Menschen. Und schon gar nicht kann ich die Selbstgerechtigkeit der Konservativen leiden, die den Progressisten vorwerfen, in Belgien, Holland und Frankreich zum Zusammenbruch der Kirche beigetragen zu haben. Ohne die mutigen Reformer dort wäre es noch schlimmer gekommen. Außerdem werden dabei nur die Kriterien des gegenreformatorischen Katholizismus angelegt. Die Relevanz des Glaubens zeigt sich doch nicht in den häufigen Beichten, dem regelmäßigen Messbesuch oder den kirchlichen Trauungen oder ob man im Straßenbild Priester und Ordensleute an ihrem Gewand erkennt.

Kirche muss arm und dienend, einfach aber auffällig barmherzig sein. Mit den verstaubten Vokabeln von Sünde und Umkehr kann man die Leute nur abschrecken. Was die Menschen brauchen, ist Verständnis für ihre Schwächen. Denn keiner kann garantieren, allen Idealen gerecht zu werden. Der Papst hat schon Recht, dass wir im Feldlazarett die Verletzen aufnehmen sollen, statt sie einem unmenschlichen Umerziehungsprozess zu unterziehen. Mit Erster Hilfe punkten wir mehr als mit teuren und langen Rehabilitationen.

Der Römische Kardinal
So überzeugend ist das nicht, lieber Mitbruder, wenn die Grundfunktionen der Kirche gegeneinander auseinander ausgespielt werden. Ich habe den Eindruck, dass Sie sich die Krise etwas

schön reden. Sich in die Tasche zu lügen ist auch ein Verstoß gegen das 8. Gebot. Wenn man das Gold des Glaubens verloren hat, ist der Gedanke, es nicht mehr schleppen zu müssen, wenig tröstlich. Im Übrigen hat das Zweite Vatikanische Konzil gerade in der Welt von heute die sakramentale Wirklichkeit der Kirche herausgestellt. Papst Franziskus warnt immer wieder vor einer Verweltlichung der Kirche. Sie sei keine NGO, eine innerweltliche Organisation, die mit spirituellen und sozialen Angeboten auf sich aufmerksam macht. Das Konzil hat durchaus in den drei Funktionen von Verkündigung, Liturgie und Pastoral die gesamte Sendung der Kirche als Sakrament des Heils der Welt in Christus zusammengefasst. Aber dennoch ist und bleibt das „eucharistische Opfer Quelle und der Höhepunkt des ganzen christlichen Lebens" wie *Lumen gentium* im Artikel 11 so markant formuliert. Die Sonntagsmesse ist doch kein lästiges Pflichtprogramm, wenn Jesus uns im Abendmahlsaal aufträgt, die Hingabe seines Leibes und Blutes am Kreuz in der Eucharistie „zu seinem Gedächtnis" zu feiern (Lk 22,19; 1Kor 11,25).

Also die Priester brauchen wir nicht nur als Leiter eines Teams für einen riesigen pastoralen Raum, sondern als gute Hirten vor Ort. Wenn ein Vater ganz weit weg von der Familie wohnt, ist das für die Frau und die Kinder ziemlich unnatürlich. Alle sehnen sich danach, wieder zusammen zu sein. Das mit der Nähe zu den Menschen ist wirklich gut. Vergessen wir nicht, dass Jesus sich etwas dabei gedacht haben muss, als er die Apostel berief und damit auch das sakramentale Priestertum zu einem tragenden Element im Bau seiner Kirche machte. Die Selbstsäkularisierung der Kirche nach dem Modell des liberalen Protestantismus ist nicht der erste Schritt ihrer Modernisierung, sondern der letzte vor ihrer Selbstabschaffung. „Gestern standen wir noch am Abgrund, heute sind wir einen Schritt weiter", ich hoffe, dass das nicht der Titel ihrer Pastoralen Handreichung ist.

Eine afrikanische Ordensschwester

Ich verstehe überhaupt nicht, worüber hier geredet wird und warum man sich streitet. Was ist denn so schwer daran, an Jesus zu glauben und das Evangelium zu leben. Jesus hat seiner Kirche die sieben Sakramente geschenkt. Warum feiern wir die Gnade nicht einfach so wie es uns die Kirche in ihrer Liturgie vorgibt? Bei uns wächst das Christentum in Afrika, nicht deshalb, weil wir die Aufklärung noch vor uns hätten. Ihr geht der Aufklärung auf den Leim, wenn ihr euch einreden lasst, die Religion sei etwas für ungebildete Leute, am besten gleich für Analphabeten. Eine tiefere Aufklärung über das Geheimnis des Menschen als die Frohe Botschaft Christi gibt es nicht. Wo das Evangelium ist, da ist immer vorn. Mit eurer europäisch beschränkten Vernunft meint ihr, könnte man bei uns den Aberglauben und den Fanatismus der Religion überwinden.

Bei euren Ersatzreligionen ging es im 20. Jahrhundert recht wenig vernünftig, gerecht und tolerant zu. Was ist denn euer Export von lebensfeindlichen Ideologien anders als Neokolonialismus. Was uns am meisten an euch stört, ist, dass ihr uns immer noch wie Kinder behandelt, gegen die der Herr Oberlehrer seinen Zeigefinger erhebt. Ich habe in Europa Theologie studiert. Ich kenne die Religionskritik, aber Jesus überzeugt mich mehr, weil er mir nicht die Hoffnung und die Freude kaputt macht, sondern weil er unserm Leben einen Sinn gibt. Euer Nihilismus ist nur geistige Nacht – unmenschlich und widernatürlich – auch wenn ihr ihn uns mit Nietzscheanischen Tiefsinn einträufeln wollt. Bei uns scheint die Sonne. Da bläst es sich nicht leicht euren nordischen Trübsinn. Diese Selbstzweifel der Christen im Westen können wir nicht verstehen und schon gar nicht wollen wir so leben. Ein Wort aus dem Mund Gottes wiegt mehr als 100 Millionen Dollar, für die wir unsere Seele verkaufen sollen.

Der deutsche Bischof
Ich stehe regelmäßig mit Professoren unserer theologischen
Fakultät in Kontakt. Und sie bestätigen mir, dass unter den
Bedingungen der Moderne – und fügen wir aktuell die Postmoderne hinzu – ein Paradigmenwechsel dringend angesagt ist.
Wir können die Zeit nicht mehr zurückdrehen. Wir sind mit
den Internationalen Werken Misereor, Adveniat, Missio, Renova-
bis in den Entwicklungsländern bestens aufgestellt. Wir sind so
wichtig für die Weltkirche und auch finanziell für den Vatikan,
dass wir mit unserer glänzenden Theologie schon so etwas wie
eine Vorreiterrolle in der Weltkirche beanspruchen dürfen. Falsche Bescheidenheit wäre hier fehl am Platz. Wir helfen gerne,
aber die andern müssen sich von uns auf die Beine helfen lassen.
Wer zahlt, schafft an, heißt es bei uns auf dem Bau. Was aber die
Wahrheit angeht, sind wir flexibel. Da soll jeder seinen Weg
gehen. Inkulturation nennen wir dies. Deshalb machen wir auch
von der Lehrkompetenz der Bischofskonferenzen mutig
Gebrauch. Übrigens übersetzen wir unsere Texte in viele Sprachen. Was die Römer können, können wir auch. Die Andern sollen schon mal wissen, wo es bei uns lang geht und was auch für sie
gut wäre.

Ein deutscher Lehrstuhlinhaber assistiert
Schon Kant hat in der „Kritik der reinen Vernunft" (1781) festgestellt, dass wir nicht die Wirklichkeit erkennen, wie sie ist, sondern nur wie sie uns erscheint. Unsere subjektiven Formen der
Wahrnehmung und die Kategorien des Verstandes lassen nur zu,
dass wir die so zusammengesetzten Phänomene erkennen. An
eine objektive Erkenntnis Gottes und der übernatürlichen Offenbarung ist gar nicht zu denken. Gott, Seele und Welt sind nur
Ideale der reinen Vernunft. Das lernt bei uns jeder Student in
den ersten Semestern: „Das höchste Wesen bleibt also für den
bloß spekulativen Gebrauch der Vernunft ein bloßes, fehlerfreies

Ideal, ein Begriff, welcher die ganze menschliche Erkenntnis schließt und krönt, dessen objektive Realität auf diese Weise zwar nicht bewiesen, aber auch nicht widerlegt werden kann ..." (KrV B 670). Eine spekulative Theologie im Sinne der Kirchenväter und der Scholastik ist also nicht mehr möglich. Es geht nicht mehr um die abstrakten Wahrheiten der Offenbarung, sondern um ihre praktische Anwendung als Sinnerhellung und Lebensbewältigung. Der Historismus und der Konstruktivismus haben uns später unwiderleglich gezeigt, dass alle scheinbar absoluten Wahrheiten geschichtlich, gesellschaftlich, kulturell, tiefenpsychologisch und neurophysiologisch bedingt sind. Auch unsere Offenbarungswahrheiten sind nur die Codierung einer zeitbedingten und subjektiven Erfahrung von irgendetwas Höherem, das wir aber gar nicht erkennen können. Also sind Atheisten irgendwie anonyme Gottgläubige, so wie auch Christen anonyme Atheisten sind oder meinetwegen auch unitarische oder trinitarische Theisten oder Polytheisten und Pantheisten. Die wehren sich nur gegen ein falsches Gottesbild.

Das ist eine ungeheure Chance des Dialogs der Religionen. Mit ihrem Wahrheitsanspruch stehen sie sich nicht mehr im Weg und es gibt auch kein Potential der Gewalt mehr. Eine Sonne – viele Strahlen. Das ist die Devise des Religionspluralismus, so etwas wie das Weltethos mit Marzipangeschmack. Besonders der Monotheismus nicht nur im Islam, sondern auch schon im Alten Testament war immer eine Gefahrenquelle, wenn er nicht durch die Aufklärung geläutert wurde. Wenn die orthodoxe Auslegung der sogenannten Offenbarung nicht durch die Vernunft gezähmt wird, neigen alle Monotheismen zu Intoleranz und Dogmatismus.

Auch wenn ein Christ als Mensch psychologisch nicht zur Gewalt veranlagt ist, so legt sich die Versuchung zur Unduldsamkeit doch aus seinem absoluten Wahrheitsanspruch nahe. Dafür haben wir doch mit den Kreuzzügen, der Inquisition und den

Hexenverfolgung eindeutige historische Belege. Übrigens hat das patriarchalisch geprägte Gottesbild der drei abrahamitischen Religionen ein eminentes Frauenproblem. Weil das Christentum durch die Aufklärung hindurchgegangen ist, wurde es toleranter, weil wir gelernt haben, unsere Wahrheiten zu relativieren. Alle Glaubenswahrheiten sind nur Symbole, die auf das unbekannte Geheimnis jenseits des Seins hinweisen. Der Unduldsamkeit gegen die Wahrheit anderer Götter neben dem einzigen Schöpfer scheint die Gewalt ganz natürlich inne zu wohnen. Ich weiß nicht, ob hier die Arbeit des Ägyptologen Jan Assmann dazu bekannt sind: „Die Mosaische Unterscheidung oder Der Preis der Monotheismus" (2003). Über die psychosozialen Mechanismen seiner Entstehung hat uns schon Freud aufgeklärt: „Der Mann Moses und die monotheistische Religion" (1939). Wir müssen also vorsichtig sein mit unsren Überlegenheitsgefühlen über andere Religionen, besonders die asiatischen, die das Göttliche größer denken als eine Person.

Den Neuen Atheismus eines Dawkins, Dennet, Hitchens, Oddifreddi und Michel Onfray etc. haben wir doch paradoxerweise dem religiösen Fundamentalismus zu verdanken, der hinter die Aufklärung zurück will. Angesichts des Missbrauchs und des reaktionären Kurses der römischen Kirchenleitung – vor Franziskus – kann man ein Stück weit ihr Anliegen mit vollziehen. Wenn man sich die konservativen Theologen anschaut, kann man kaum bestreiten, dass Religion und Wissenschaft sich widersprechen. Nur mit einem pragmatischen Religionsbegriff, der auf absolute Wahrheiten verzichtet, kommen wir auch in einen Dialog mit diesen Wiedergängern des alten Humanismus ohne Gott, mit ihrem – zugegeben – schon etwas komischen naturalistischen Monismus. Die Gesellschaft ist so pluralistisch und unübersichtlich geworden, dass eine Homogenität im Glauben, Beten und Handeln unmöglich wird. Eine versöhnte Verschiedenheit, in der jeder nach seiner Façon selig wird und alle sich wechselseitig irgendwie mögen, das reicht aus für die Einheit der Kirche in dieser unserer Zeit.

Ein progressiver Theologe sekundiert seinem Vorredner
Die Einheit im Dogma war sowieso nur künstlich zusammengehalten worden, in dem man einige andere Traditionen unterdrückt hat. Die Vorstellung einer Kontinuität der kirchlichen Tradition ist nur eine Fiktion, die sich nur den Unterdrückungsmaßnahmen des Lehramtes verdankt. Die unintegrierbare Pluralität der Ansätze gilt es wieder zu entdecken. Dann haben wir automatisch die Einheit in der Vielfalt, die wir brauchen. Die Zeiten der Volkskirche sind endgültig vorbei, wenn man das auch in Polen und Afrika noch nicht wahrhaben will. Wir können nur als kreative Minderheit überleben. Darum müssen wir den ganzen Ballast der Dogmen und der nicht mehr lebbaren Moral abwerfen. Ich bin stolz auf unsern Neologismus der Lebbarkeit, weil das nicht so banal klingt wie „Leben" und bei Bildungsveranstaltungen sich gut einbringen lässt. Eine abgespeckte, aber smarte Kirche ist das Modell für morgen. Ich habe keine Angst, den Ast abzusägen, auf dem wir sitzen. Wir fallen auf ein weiches Polster.

Außerdem verstehe ich den Vorwurf der Protestantisierung der katholischen Kirche als Kompliment. Denn die Protestanten sind ganz anders als wir schon voll in der Moderne angekommen. Das ist doch das Ziel des Evangeliums, dass es mit dem Selbstverständnis des mündigen, allein seinem Gewissen verpflichteten Menschen verschmolzen ist. Das nenne ich – frei nach Gadamer – die Hermeneutik der Horizontverschmelzung. Dann begreift sich die Moderne nicht mehr als Gegenentwurf zum Christentum, sondern als dessen Produkt, selbst wenn viele Menschen von heute gar nicht wissen, dass ihre Werte von selbstbestimmter Freiheit, Subjektivität und absoluter Autonomie vom neuzeitlichen Christentum stammen. Ich meine die Reformation im

Gegensatz zum mittelalterlichen Katholizismus, der von Trient noch einmal Jahrhunderte lang am Leben erhalten worden ist – sozusagen ein lebender Leichnam. Wir haben also zwei Fliegen mit einer Klappe erwischt: die Einheit in der Ökumene und die Verschmelzung der Kirche mit der Welt. Hätten die Ultramontanen mit ihrer Fixierung auf die Tradition, die Autorität des Lehramtes und die Dogmen von Trient und dem Ersten Vatikanischen Konzil nicht den Anschluss an die moderne Welt verpasst, hätten wir uns den Kulturkampf erspart. Die Vereinigte Christliche Kirche Deutschlands, die VCKD, wäre damals schon Wirklichkeit geworden. 150 verlorene Jahre für die Ökumene. Nicht den unfehlbaren, der Welt entrückten Papst, aber wie jetzt einen nach allen Seiten winkenden und lächelnden Papst, der auf die Menschen zugeht und bei den Medien ankommt, den hätten uns damals schon die Protestanten abgekauft.

Mit dieser letzten Etappe der Entkonfessionalisierung der katholischen Kirche ist der Gegensatz der Konfessionen überwunden und ebenso die Distanz der Kirche zur Welt. Denn die Welt ist, ohne es zu merken, christlich geworden, allerdings ohne die überflüssig gewordene Verpackung ihrer Kernbotschaft in Dogmen, Sakramente, moralische Gebote und kirchliche Gesetze. Die wahre Kirche war immer schon verborgen, so wie auch in der Kenosis-Theologie die Gottheit Jesu sich ganz in seiner Menschheit verbirgt. Wir haben ein verinnerlichtes Christentum der Gesinnung und nicht der Institutionen mit prächtiger Liturgie, Klerus und Klöstern, Priesterseminaren, katholischen Kindergärten und kirchlichen Schulen und Krankenhäusern, mit Auswendiglernen des Katechismus und theologischen Lehrbüchern, die sowieso nur von Professoren für Professoren geschrieben sind. Vielleicht sind die Pfingstler die zukunftsweisende äußere Erscheinung des Christentums in der neuen Welt. Und bitte keine Rückkehrökumene! Jeder soll bleiben wie er ist. Ob es zwei oder sieben Sakramente gibt, ist nur eine Frage des Sakramentsbegriffs der theologischen Schulen, was hat das schon groß mit dem Heil zu tun. Augustinus wusste nichts von der Siebenzahl der Sakramente und dem können doch gerade die Konservativen das Katholisch-Sein nicht absprechen. Aber auf seine halbmanichäische Sexualmoral und seinen Erbsündenpessimismus, die wirklich nicht mehr in unsere Zeit passen, da berufen sie sich gerne auf ihn. Es sind die Sakramente nicht mehr Instrumentalursachen in der Heilsvermittlung, das wäre ja magisches Denken aus dem Mittelalter mit seiner Substanzmetaphysik. Wir sind durch den allgemeinen Heilswillen alle schon erlöst, und das wird uns in den religiösen Zeichen nur bewusst gemacht. Hauptsache man ist Christ, was immer das heißen mag.

Das Konzept der Zivilreligion, das Jean Jaques Rousseau in seinem *Contrat social* schon 1762 entwickelte, ist gar nicht so schlecht, jedenfalls besser als die für das einfache Volk zu komplizierte Neufassung des Christentums als säkulare Vernunftreligion bei Kant. Aber den katholischen Theologen sollte man Kants „Die Religion innerhalb der Grenzen der bloßen Vernunft" von 1794 nur empfehlen als die Ebene des Dialogs mit kritischen Intellektuellen. So hat es schon Friedrich Daniel Ernst Schleiermacher 1799 mit glänzendem Erfolg vorgemacht in seiner Apologie „Über die Religion. Reden an die Gebildeten unter ihren Verächtern". Verbindet ein solcher Satz nicht alle – gleich welcher Religion oder ohne Bekenntnis – die Erfahrung des Geborgenseins im Universum. „Versucht doch aus Liebe zum Universum Euer Leben aufzugeben. Strebt darnach schon hier Eure Individualität zu vernichten, um im Einen und Allen zu leben, strebt darnach mehr zu sein als Ihr selbst, damit ihr wenig verliert, wenn Ihr euch verliert; und wenn Ihr so mit dem Universum, soviel Ihr hier davon findet, zusammengeflossen seid, und eine größere und heiligere Sehnsucht in Euch entstanden, dann wollen wir weiter reden über die Hoffnungen, die uns der Tod gibt, und über die Unendlichkeit zu der wir uns durch ihn unfehlbar emporschwingen ... Gott ist nicht Alles in der Religion, sondern Eins, und das Universum ist mehr; auch könnt Ihr ihm nicht glauben willkürlich, oder weil Ihr ihn brauchen wollt zu Trost und Hilfe, sondern weil ihr müsst. Die Unsterblichkeit darf kein Wunsch sein, wenn sie nicht erst eine Aufgabe gewesen ist, die Ihr gelöst habt. Mitten in der Endlichkeit Eins werden mit dem Unendlichen und wenig sein in einem Augenblick, das ist die Unsterblichkeit der Religion."[1]

Ich habe das jetzt so ausführlich zitiert, um zu zeigen, dass diese Gedanken ebenso bei der Feuerbestattung eines Mitgliedes der Giordano Bruno Stiftung wie bei der Grablegung eines in der Moderne angekommenen Theologieprofessors vorgetragen werden können. Auch wenn die Asche eines Hindus den Ganges hinabfließt, kann man sie mit Andacht rezitieren. Wie verbindend und umfassend! Erst mit dieser Weite von Religion, die man nicht als Passepartout schmähen darf, werden wir den Geruch der Rückständigkeit im mittelalterlichen Denken los mit dieser Substantialisierung der Wahrheiten. Im Glauben gibt es nichts Unvernünftiges und darum auch nicht, was über die Vernunft hinausgeht. Es gibt kein Zurück hinter die Aufklärung – sage ich nochmal. Wir müssen mutig sein und alles neu denken.

Das sage ich im Brustton meiner tiefsten Überzeugung, die ich mit allen offenen und aufgeschlossenen Zeitgenossen teile. Papst Franziskus macht es richtig: Statt veraltete Dogmen zu repetieren, setzt er gefällige Gesten. Einfach genial und 20 Millionen Followers bestätigen, dass die neue vatikanischen Medienpolitik gut aufgestellt ist. Die Jugend erreicht man nicht mit Büchern, langweiligen Predigten, sondern mit Spots und Tweets, allenfalls YouTubes.

Kardinal: Das klingt mir so, wie wenn einer sein eigenes Requiem schon mal vorab aufzeichnet, um es sich immer wieder mal mit leichtem Gruseln anzuhören. Nach dem Ausverkauf wird der Laden dicht gemacht. Da ist viel Ideologie drin und wenig

Verständnis für die Eigenart des katholischen Glaubens. Man kann aus der Not keine Tugend machen, indem man den Glaubensabfall als Sichtbarwerden seines eigentlichen Wesens schönredet. Glaube ist inneres und äußeres Bekenntnis zu Jesus Christus, dem Sohn Gottes. Bei Paulus heißt es: „Wenn du mit deinem Mund bekennst ‚Jesus ist der Herr' und in deinem Herzen glaubst ‚Gott hat ihn von den Toten auferweckt', so wirst du gerettet werden" (Röm 10,9). Menschwerdung, Kreuz und Auferstehung sind Realitäten, die unser Verhältnis zu Gott bestimmen. Und die sakramentale und kirchliche Vermittlung der Gemeinschaft mit Gott ist nicht eine Erfindung von Trient und Erstem Vatikanischen Konzil und eine vorübergehende Variante des Katholizismus, sondern seine unverwechselbare Eigenart.

Schlag nach bei Irenäus! Schon im 2. Jahrhundert stand der Bischof von Lyon vor der gleichen Problematik, als er gegen die hochaufgeklärte Gnosis eine Uminterpretation des katholischen Glaubens in eine Ideologie verhindert hat. Wenn wir auf die Wahrheit verzichten, verlieren wir auch die Freiheit. Der Agnostiker wird nicht tolerant, sondern der Sklave der Mehrheitsmeinung, die auf dem Treibsand der Interessen der Mächtigen daher schwebt. Im Übrigen wäre es schön, wenn gerade Sie als Mann der Kirche über den Alltagsgebrauch des Wortes „Dogma" hinauskämen. Mit Aufklärer-Attitüde wird Dogma als eine apodiktische Behauptung abgetan, die weder rational noch empirisch beweisbar sei, die aber zu Zwecken des Machterhalts eingesetzt werde. Deshalb müsse die Kirche ihre Klienten unmündig halten, denn durch Aufklärung verliere sie ihren Einfluss bei den kritisch gewordenen Geistern. Dogma als terminus technicus der katholischen Theologie seit dem 18. Jahrhundert bedeutet – bei wem haben Sie eigentlich Theologie studiert? – nur den höchsten Gewissheitsgrad einer von der Kirche geglaubten und von Gott geoffenbarten Wahrheit. Die Kirche wird ohne Dogmen nicht menschlicher, sondern sie betrügt den Menschen um die Wahrheit des Wortes Gottes, das Fleisch geworden ist und unter uns wohnt. Niemand kann lehren, der nicht vorher gelernt hat. Das griechische Wort Dogma im spezifischen Sprachgebrauch der wissenschaftlichen Theologe entspricht dem Auftrag Jesu an die Apostel und ihre Nachfolger: „Geht zu allen Menschen … und lehrt sie alles zu galten, was ich euch geboten habe". Der Glaube in der Form des kirchlichen Dogmas sagt uns, dass unser Heil in Gottes Wahrheit gründet und nicht in den Utopien und Visionen fehlbarer Menschen. Wenn das Wort Christi die Verlautbarung der göttlichen Vernunft ist, wie kann dann die Hermeneutik eines endlichen Verstandes – selbst eines Kant – ihr Maßstab sein?

Im zweiten Stuhlkreis

Der Romkorrespondent von „Spiegelwelt"
Ich hätte nie geglaubt, dass die Kirche noch einmal den Anschluss findet an die Moderne. Papst Franziskus ist kein Reformer der alten Schule, wo man immer mythisch von einer Erneuerung unseres Glaubens in Christus und von Nachfolge des gekreuzigten und auferstandenen Herrn in irgend so einem Kirchenchinesisch herumdruckste. Er ist ein richtiger Revolutionär, der seine Agenda knallhart durchzieht und – wie doch einer seiner Freunde sagte – irreversibel macht. Da bleibt kein Auge trocken und nichts mehr wird so sein wie es einmal war. Die Kirche hat nicht die Aufklärung überwunden oder die Aufklärung die Kirche. Der Kick daran ist, dass die Kirche durch die Aufklärung sich selbst überwunden hat.

Der Traditionalist
An allem ist die Französische Revolution schuld. Joseph de Maistre hatte mit seinem Buch „Du Pape" von 1819 schon recht. Nur ein neues Bündnis zwischen der Kirche und den konservativen Intellektuellen und Politikern kann den Verfall noch stoppen.

Mit dem Zweiten Vatikanischen Konzil ist der Modernismus in die Welt eingebrochen. In „Gaudium et spes" gibt man dem anthropozentrischen Denken der Neuzeit nach. Man darf doch nicht beim Menschen ansetzen, sondern von Gott her. Hatte nicht sogar der reformierte Theologie Karl Barth gegen die liberale Theologie und Adolf von Harnack, den Papst des Kulturprotestantismus, den theozentrischen Ansatz verteidigt. Deus dixit, d. h. doch: Gott hat gesprochen – und wir müssen gehorchen. Basta! Und dann die verheerende Erklärung über die Religionsfreiheit. Papst Pius VI. hatte sofort die Erklärung der Menschenrechte von 1789, die nicht theonom begründet waren, abgelehnt. Auch seine Nachfolger haben klar gesagt, dass die Wahrheit es nicht zulässt, dass sich jeder seine eigene Religion wählt. Ich kenne zwar die Unterscheidung zwischen der natürlichen und übernatürlichen Religionsfreiheit. In seiner geistigen Natur fühlt der Mensch die Pflicht, dem Anruf der Wahrheit und dem Prinzip des Guten zu gehorchen, aber so wie er sie erkennt und frei vom äußeren Zwang. Bei der übernatürlichen Religionsfreiheit geht es um die Erhebung und Vollendung der Freiheit im Glauben und der Liebe, gestärkt vom Heiligen Geist. Aber ich halte das für eine Spitzfindigkeit. Wahrheit ist Wahrheit und ihr gebührt das alleinige Recht. Dem Irrtum, auch dem schuldlosen, gebührt in Staat und Gesellschaft gar kein Recht. Die Aufgabe des Staates ist nicht nur das irdische Wohl, sondern – auch in engster Zusammenarbeit mit der Kirche – das ewige Heil seiner Bürger.

Und der allerschlimmste Modernismus ist mit der Reform oder besser gesagt der Zerstörung der Liturgie passiert. Das einzige Heilmittel in der Glaubenskrise, das den Zerfall der Kirche aufhält, ist die Rückkehr zur Messe aller Zeiten im Missale Romanum von 1962. Den Inhalt der Messe kann man nur in dieser Form mit allen Einzelheiten haben. Alles ist gleich wichtig und unveränderlich. Dass der Priester nicht mehr auf Christus,

sondern auf das Volk hin zelebriert, ist doch der schlagende
Beweis für die Kapitulation vor der anthropozentrischen Wende
der Neuzeit. Und jetzt haben wir noch einen Papst, der die
Modernisten begünstigt und uns Konservative entweder gnaden-
los plattmacht oder aus der Kirche hinausdrängt.

Ein Student aus Lateinamerika
Unser Heiliger Vater ist katholisch, berührt er doch immer die
Statue der Muttergottes und betet schon früh um 4 Uhr sein
Brevier vor dem Tabernakel und außerdem geht er immer ganz
demonstrativ beichten. Überall sieht man, wie demütig er sich
vor seinen Beichtvater auf die Knie wirft. Ein monumentaler
Dokumentarfilm eines international berühmten Regisseurs zeigt,
welch eine große Persönlichkeit sich hinter seiner Bescheidenheit
verbirgt. Daran erkennt man in meiner Heimat den Unterschied
zwischen uns und den Protestanten, den Sekten, wie sie bei uns
heißen. Denn die kommen von den Gringos, die wir sowieso
nicht leiden können. Wir sind stolz, dass einer von uns Papst
geworden ist. Es ist Zeit, dass die Europäer einmal etwas von
uns lernen. Unser Professor sagte immer, das europäische Christentum ist zu platonisch und dualistisch. Aber die Befreiungs-
theologie hat die ganzheitliche Sicht wiederentdeckt. Es geht um
eine integrale Entwicklung. Dafür hat Papst Franziskus sogar ein
eigenes Dikasterium errichtet. Darüber müssen wir reden und
nicht über euren ‚Egel', sie wissen schon den Philosophen, der
mit dem unaussprechlich H, dem hache, beginnt. Wenn wir etwas
von Karl Marx lernen können, dann ist das der Satz: „Die Philosophen haben die Welt nur verschieden interpretiert; es kommt
darauf an, sie zu verändern." Das hat unser Professor für philosophische Propädeutik uns immer wieder aus den Thesen über Feuerbach vorgesagt und sogar gewusst, dass es die These 11 ist. Das
ist doch genau urchristlich der Vorrang der Orthopraxis vor der
Orthodoxie. Erst die Scholastik hat aus dem gelebten Glauben

ein wissenschaftliches System gemacht. Der Papst will eine arme Kirche für das Volk und nicht eine Professorenkirche für die Intellektuellen. Viele haben über die Reform der Kurie nur geredet. Jetzt hat jeder nur Angst, dass er auch drankommt. Deshalb die Opposition und Komplotte in der Kurie gegen den Papst, der doch nur das Gute will und das Böse hasst.

Ein Professor mit Exzellenzcluster
Für mich als Kulturtheoretiker, der von der Naturwissenschaft herkommt, ist klar, dass eine Religion mit einem dogmatischen, also exklusiven Wahrheitsanspruch in unserer globalen Welt keine Chance und kein Existenzrecht hat. Gerade der Katholizismus steht vor der Aufgabe, dogmatisch abzurüsten. Mit der freien Forschung ist die ungeprüfte Annahme von Axiomen und Dogmen nicht vereinbar. Schon gar nicht können irgendeine althergebrachte Tradition und die Autorität eines sogenannten Lehramtes sagen, was wir zu glauben haben. Das freie Denken lassen sich die aufgeklärten Zeitgenossen nicht mehr nehmen. Unser Ansatz ist ein methodologischer Atheismus. Nur eine Theologie, der nicht gleich mit Gott, der Trinität oder der Inkarnation daherkommt, kann an die Moderne andocken. Ohne übernatürliche Offenbarung werden wir anschlussfähig und kommen in den Dialog mit dem modernen Menschen. Das müssen unsere Fundamentalisten noch lernen. Wir sind im Heute nur dann relevant, wenn der Glaube an Gott und das ganze transzendentale Gerede für uns irrelevant geworden ist. Die Kirche muss sich im Diesseits verorten. Wenn wir z. B. das mit der Realpräsenz Christi bei der Messe weglassen und das Austeilen der Oblaten als Willkommensgestus aller in unserer Gemeinschaft interpretieren, dann haben wir doch schon die ökumenische Einheit der Christen durch Interkommunion. Transsubstantiation oder Wesensverwandlung ist Vergangenheit. Es ist nur noch peinlich, wenn ein Priester den Bibelspruch rezitiert „Wer mein Fleisch ist und

mein Blut trinkt ...". Nur dumpfe Magie, wenn man das wörtlich nimmt. Lassen wir Dogmen und Sakramente beiseite. Wir müssen uns von der Diktatur der Wahrheit befreien und in das Paradies des Relativismus aufbrechen. Das Jenseits interessiert keinen mehr. Heißt es nicht, lass die Toten ihre Toten begraben. Wenn mit dem Tod alles aus ist, müssen wir hier und jetzt die Musik spielen lassen.

Die katholischen Dogmen setzten ohnehin die Metaphysik der alten Griechen voraus. Alles Schnee von gestern! Und wir wissen ja, dass seit Kant keine Metaphysik der Realität mehr möglich ist. Die Glaubensvorstellungen sind unsere Vorstellungen von Gott, Seele und Welt, aber sie beruhen nicht auf objektiver Erkenntnis. Die Wahrheit liegt im Auge des Betrachters. Jeder hat seine Wahrheit. Das sagten die Kollegen bereits. Aber ich will es noch einmal unterstreichen. So weit wie die Projektionstheorie Feuerbachs will ich nicht gehen. Im Gegensatz zu Karl Marx meine ich, dass die Religion für den Menschen auch eine positive, sagen wir, therapeutische Rolle spielen kann.

Man sollte also die Religion oder die Religionen pragmatisch begründen. Verzichten wir auf theoretische Spekulationen im nach-metaphysischen Zeitalter der „schwachen Vernunft" – wie hieß doch nur der italienische Philosoph, der diesen Begriff erfunden hat. Ich erinnere Vattimo. Deshalb begrüße ich, dass in der gegenwärtigen vatikanischen Strategie nicht ständig die Lehre wiederholt wird, die wir ja alle genügend kennen, sondern dass die Pastoral den Vorrang genießt, die den einzelnen Menschen im Blick hat. Wahrheit für alle gilt nicht, Pastoral im Einzelfall ist das Gebot der Stunde. Heute sind nicht Dogmen und das Beharren auf dem intrinsischen malum, dem in sich Schlechten einer moralischen Handlung, gefragt, sondern Dialog und Toleranz. Indifferentismus ist gesellschaftlich immer noch verträglicher als Fundamentalismus. Das Gewissen des Einzelnen entscheidet und zwar nicht, was an sich gut und böse ist, sondern was für mich gut und böse ist. Also das Sich-wohl-Fühlen dabei ist das Kriterium. Die Identität definiert sich heute über sexuelle Präferenzen nicht über religiöse Überzeugungen. Sich als Christ zu bekennen ist von peinlicher Direktheit, sich als Gay zu outen, das nenne ich Mut.

Wir sollten uns entschuldigen für all das Leid, das wir mit rigorosen Gesetzen über die Menschen gebracht haben. Jesus hätte es nie gewollt, dass jemand unter Einsamkeit und sexuellem Verzicht leidet, nur weil ihm nach dem Verschwinden des ersten Partners ein zweiter besserer Partner nicht zugestanden wird. Das ist typisch für die, denen es um den Buchstaben und nicht um den Geist der Gebote Gottes geht. Das sind die verschlossenen Herzen. Bei der Behauptung absoluter Wahrheit ist der Schritt zur Gewalt nicht weit.

Siehe bei uns nur den Dreißigjährigen Krieg mit all seinen Brutalitäten im Namen des wahren Glaubens! Ich bin Mitglied in meiner Kirche – schon aus Rücksicht auf die Familientradition –, wenn ich auch als Naturwissenschaftler solche Sachen wie die Schöpfung und die Auferstehung von den Toten nicht wörtlich nehmen kann. Man soll die religiösen Mythen nicht abschaffen, damit die Ästhetik des Gemüts nicht in kalter Rationalität erfriert. Aber mit so etwas wie der existentialen Interpretation bei Bultmann kann ich mich leicht anfreunden. „Das Glaubensbekenntnis des savoyardischen Vikars" kann doch die vernünftigen Menschen, die es in allen Religionen gibt, verbinden zu einer Gemeinschaft der Gutmenschen. Was glauben Sie, wie oft ich schon bei dem genialen Rousseau das 5. Kapitel aus „Emile ou de l'Education" (1762) gelesen habe. Der Wahrheitsanspruch der Offenbarungsreligionen trennt die Menschen und stiftet Feindschaft, Zwang und Gewalt gegen Ungläubige und Andersgläubige. Die natürliche Religion macht universelle Freundschaft möglich. (*Und aus Schillers Ode an die Freude summt er hymnisch verklärt vor sich hin:*) „Seid umschlungen, Millionen! Diesen

42

Kuss der ganzen Welt! Brüder – überm Sternenzelt muss ein lieber Vater wohnen."

Ihre positiven Dogmen, ergeben sich nicht aus den unlogischen und widersprüchlichen Behauptungen der christlichen Offenbarung, sondern sie sind Ausdruck des sozialen Gewissens, die eine freie und soziale Gesellschaft zusammenhält.

Es reicht, wenn wir ausgehen von der Existenz einer allwissenden, guten All-Gottheit, dem zukünftigen Leben – wie auch immer man es sich vorstellen mag –, der Belohnung der Guten und der Bestrafung der Bösen und auf die Einhaltung des Gesellschaftsvertrages und der Gesetze pochen. Und was Robespierre angeht, hat er seinen Lehrer Rousseau gründlich missverstanden, wenn er im Namen der Tugend Terror ausgeübt hat. Aber zu seiner Entschuldigung gesagt: er wollte doch nur die Revolution unumkehrbar machen.

Ein christ-sozialer Politiker
Von Terror im Namen der Revolution wollen wir nichts wissen. Gewalt passt nicht in unsere Demokratie, die wir auf dem Boden der Menschenrechte in den europäischen Staaten nach dem Staatsterror der Nazis und Kommunisten errichtet haben, aber auch gegen den Terror der Roten Brigaden und all den Bürgerkriegen in der Dritten Welt und all das Elend mit den rechtem oder linken Diktaturen verteidigt haben. Von diesen Dingen hört man immer wieder einmal bei unseren Vordenkern in unserer Programmkommission. Aber wie dem auch sei, wir brauchen für unsere freiheitlich-demokratische Grundordnung die Religion für die Werte, die auch unsere pluralistische Gesellschaft zusammenhalten. Die Zehn Gebote muss doch jeder anerkennen und ich als Christ richte mich dazu noch nach der Bergpredigt. Ich glaube, das ist doch das Wichtigste am Christentum. Das andere sind so schwere Themen, die die Theologen unter sich besprechen sollten. Der Papst Franziskus, der so menschennah und allgemein

verständlich spricht, selbst hat ja gesagt, die Konfessionen und Religionen wären sich schon viel näher, wenn man die Theologen auf eine Insel bringen würde. Die stören nur den Frieden der einfachen Leute, die schon viel weiter sind. Vor allem die Jugend kommt ohne Wertevermittlung nicht aus. Und da haben die Kirchen eine große Aufgabe. Die Kirchensteuer kommt also der Allgemeinheit zugute und wie gut, dass wir hervorragende Schulen in freier kirchlicher Trägerschaft haben. Das sparen wir uns eine Menge Geld.

Ein postkommunistischer Politiker
Sieht man von der Kirchensteuer und sonstigen Finanzierungen der Kirchen mit meinen Steuergeldern einmal ab, dann schätze auch ich die Sozialarbeit der Kirche für Frieden und Abrüstung, für Umweltschutz und gegen Klimawandel. Unsere neue Nähe zur Kirche haben wir im Unterschied zu andern Parteien dadurch unter Beweis gestellt, dass wir Papst Franziskus auf unseren Wahlplakaten abgebildet haben. Privat bleibe ich aber bei meinem agnostischen Standpunkt und somit unserer Tradition treu, aber Religion als Wertevermittlung finde ich gut. Da soll mir einer die Lernfähigkeit absprechen. Ich bekenne mich zur Freiheit jedes Einzelnen für und gegen die Religion.

Im dritten Stuhlkreis

Die erste Lehrstuhlinhaberin für feministische Anthropologie
Danke, dass ich als Frau auch mal zu Wort kommen darf. Das eigentliche Problem ist doch, dass die Kirche immer noch einer Männerkirche ist. Im 19. Jahrhundert haben wir die Arbeiter verloren, jetzt verlieren wir die Frauen. Wie immer reagiert die Kirche zu spät. Bei der Frauenphobie des zölibatären Klerus ist das kein Wunder. Bei den Protestanten geht es doch auch. Der

eigentliche Antagonismus der Geschichte sind doch nicht die Klassenkämpfe, wie Marx meinte. Die Unterdrückung der Frau beginnt ja schon mit der biblischen Schöpfungsgeschichte. Und die ist von Männern geschrieben und man kann sich darum Gott nur wie einen Patriarchen vorstellen. Da führt die Gedankenkette direkt dahin, dass nur männliche Priester in power-position sind. Jesus hatte das patriarchalische System durchbrochen, aber die Männer haben das Rad der Geschichte wieder zurückgedreht. Ich mache da auch keine Vorwürfe. Die waren noch ganz Gefangene des Zeitgeistes.

Aber 2000 Jahr später gibt es dafür keine Entschuldigung mehr. Die Wissenschaft hat festgestellt, dass Männer und Frauen gleich sind, ja sogar sind die Frauen in vielem den Männern überlegen. Es ist Zeit, die restriktiven Bestimmungen des Kirchenrechtes abzuschaffen. Ordinatio sacerdotalis von Johannes Paul II. ist überholt. Die Exegese hat gezeigt, dass es schon in der Ur-Kirche Frauen in allen Ämtern gab und darum auch kein Hindernis für das Priestertum und den Diakonat mehr besteht. Papst Franziskus hat kürzlich Maria Magdalena zur Apostola apostolorum ernannt. Damit können nun auch Frauen Nachfolger der Apostel im Bischofs- und Priesteramt werden. Das ist wenigstens Revolution von oben und nicht wie die Kämpfer für den Diakonat der Frau, die das Amt von der niedersten Stufe her erobern wollen. Dieser Beweis, dass Jesus Priesterinnen gewollt hat, kann exakt aus den Quellen erbracht werden, die man hat verschwinden lassen. Und umgekehrt ist diese Unterdrückung der Beweisstellen für das urchristliche Frauenpriestertum der Beweis für seine Existenz. Ich nenne nur „die große Apostolin Junia" (Röm 16,7), der man es kleines s angehängt und damit in einen Mann verwandelt hat – obwohl man doch sonst aus moralischen Gründen gegen Geschlechtsumwandlung loswettert. Kann denn nicht jeder den Körper wählen, in dem er sich wohl fühlt? Wenn es einen Widerstreit gibt zwischen Seele und Leib, soll man lieber den Körper korrigieren als die Seele – aber gut, ich bin keine Medizinerin.

Auf jeden Fall klagen wir das Recht auf Gleichbehandlung von Mann und Frau ein. Wenn ich doch den Wunsch habe, mich im Beruf der Priesterin zu verwirklichen, lasse ich mir von Keinem einreden, dass es auf die objektive Berufung und irgendeine sakramentale Natur des Amts ankommt. Wir lassen uns auch nicht ablenken von der Strategie höherer Frauenquoten in kirchlichen Führungspositionen. Nur wenn wir wie unsre männlichen Kollegen am Altar stehen, ist die Emanzipation der Frau in der katholischen Kirche erreicht. Und dann können wir von Neuevangelisierung, Glaubensvermittlung oder vom Glauben an Gott reden. Das ist die conditio sine qua non. Ohne Frauen im Priestergewand geht gar nichts mehr, weil das der einzige Beweis ist, dass in dieser meiner Kirche, die immer die Zeichen der Zeit verpasst hat, die Emanzipation und Gleichberechtigung der Frau irreversibel angekommen ist. Der Papst ist zurecht gegen die Klerikalisierung der Laien. Dass immer mehr Laien die Arbeit der fehlenden Kleriker übernehmen müssen, kann nur mit einem gleichberechtigten weiblichen Priestertum verhindert werden. Mit der Kommission zum Diakonat der Frau in der alten Kirche hat unser aufgeschlossener Papst den Anfang gemacht und gezeigt, wohin die Reise gehen soll.

Eine Religionsphilosophin
Ich teile viele ihrer Ziele, bin aber mit der Begründung nicht in allem einverstanden. Mir ist es gelungen – unter viel Mühen zwar – meine fünf Kinder mit viel Liebe zu erziehen und gleichzeitig eine akademische Karriere zu machen. Mein Mann und ich haben uns nicht wie Konkurrenten gegenübergestanden, sondern haben alles zusammen gemacht. Dass es eine Art Klassenkampf zwischen Mann und Frau gibt, kann nicht akzeptieren, weil Gott in der Unterscheidung der beiden Geschlechter die

Grundlage für Ehe und Familie gelegt hat. Für uns Christen ist die Ehe das Zeichen der Liebe von Christus und Kirche und darin kann sich die Berufung der Eheleute in der Liebe Gottes erfüllen. Nicht ein Mangel in der Schöpfung, sondern die Sünde Adams und Evas hat den Zwiespalt auch in die intimste Gemeinschaft von Mann und Frau gebracht. Aber Jesus hat die Sünde überwunden und wir müssen ihm nachfolgen auch in der täglichen Versöhnung und im Wachstum der Liebe. Es stimmt, dass sich auch die gesellschaftlichen Rahmenbedingungen für die Ehe und Familie verändert haben und vieles auch zum Guten. Denken wir nur an die Medizin im Hinblick auf die Kindersterblichkeit und die Gefahren für die Mütter bei der Geburt. Auch kämpfen wir dafür, dass die Arbeitsbedingungen so gestaltet werden, dass Beruf und Familie besser vereinbar werden. Ich bin fest davon überzeugt, dass die Anliegen der Frauen besser bei einer christlichen Anthropologie aufgehoben sind als bei irgendeinem -ismus; so wie auch die Frauen die soziale Gerechtigkeit besser bei der katholischen Soziallehre als beim Sozialismus aufgehoben sehen. Wir brauchen nicht mehr Feminismus mit Kampfrhetorik, sondern eine tiefe Theologie des Mannes, der Frau und des Zueinanders und Füreinanders der beiden Geschlechter. Und schließlich ist der Sohn Gottes für uns und zu unserem Heil auf die Welt gekommen und nicht als Schiedsrichter von Macht- und Prestigekämpfen.

Durch die Taufe haben wir Gemeinschaft mit ihm und empfangen in der Kommunion die Speise zum ewigen Leben. Die Priesterweihe empfängt einer, um der Kirche zu dienen und nicht um individuelle und kollektive Kränkungen zu kompensieren und Ambitionen zu befriedigen. Ich habe das Vertrauen, dass das kirchliche Lehramt gemäß der geoffenbarten Wahrheit seine Entscheidungen getroffen hat. Es war sicher nicht von geschlechteregoistischen Interessen getrieben, um – völlig absurd – alte Bastionen der Männerherrschaft zu verteidigen. Ich würde mir wünschen, dass wir nicht von einem ideologischen Apriori ausgehen, wie z. B. dass die Geschichte die Folge von Klassenkämpfen ist und am Ende der Sieg der Arbeiterklasse steht mit Siegesparaden auf den Roten Platz in Moskau an der Nomenklatura vorbei. Das philosophische und theologische Apriori heißt: Augen und Ohren aufmachen und das Herz ganz weit. Denn der Glaube kommt vom Hören. „Denn mit dem Herzen glaubt man und das führt zur Gerechtigkeit, mit dem Mund bekennt man und das führt zur Rettung. Denn in der Schrift steht: Jeder, der an ihn glaubt, wird nicht zu Grunde gehen." (1Kor 10,10f.) Lieber für immer wohnen im Hause des Herrn, als im irdischen Paradies eine Zeitlang an der Kremlmauer die mausetoten Helden des Sozialismus zu bewundern.

Ein christlicher Philosoph

Ich meine, dass der Glaube an Gott die entscheidende Frage ist für den modernen Menschen. Wir sind nach seinem Bild und Gleichnis geschaffen. Daraus ergibt sich das Wissen um die eigene Würde und die Achtung vor dem Mitmenschen. Deshalb wehre ich mich gegen den funktionalen Gebrauch der Religion. Ich empfinde das als Instrumentalisierung meines Gewissens, in dem ich von der Wahrheit überzeugt bin. Denn für uns ist die Wahrheit nicht nur die Erkenntnis von Sachverhalten, sondern die Beziehung zur Person Jesu Christi. Die Erkenntnisgemeinschaft von Personen ist eine höhere Wahrheit als nur das Wissen um Sachverhalte. Was nutzt es einem Jüngling, wenn er beim Überreichen einer Rose der Angebeteten sein Wissen über die Zellbiologie dieser Pflanze demonstrieren will, statt darin das Feuer seiner Liebe zu offenbaren.

Außerdem meinen die Agnostiker gegenüber den Gläubigen einen höheren Stand der Beobachtung der Welt und des Vernunftgebrauchs einnehmen zu können. Sie glauben, meine innersten Überzeugungen zu durchschauen, indem sie uns unterstellen, bewusst oder unbewusst von Interessen gesteuert zu sein. Der Kirche – sie denken dabei vorkonziliar nur an den Klerus und nicht an die Heilsgemeinschaft – gehe es bei jeder Wahrheitsansage nur um Macht oder andere höchst materielle Interessen. Die Relativsten sind inkonsequent, weil sie das Prinzip der Nichterkennbarkeit der objektiven Wahrheit nicht auf die eigene Theorie anwenden und bei aller Skepsis doch meinen, die Gedanken anderer lesen zu können. Warum soll die Überzeugung von der Existenz Gottes und der Tatsache der geschichtlichen Selbstoffenbarung Gottes in Jesus Christus unvernünftig sein, wenn man sie auch nicht aus der endlichen Vernunft des Menschen deduzieren kann. Aber das Spontane, Singuläre, Ereignishafte der Selbstzusage einer Person in Liebe kann man sowieso nicht mit mathematischer Logik deduzieren, aber sehr wohl kann die Vernunft in Freiheit darauf reagieren und sich davon ergreifen lassen. Der Geist mit all seinen Äußerungen hat sicher ontologisch kein geringeres Sein als die materielle Welt. Da ist Glaube vernünftiger, weil er den Sinn der menschlichen Existenz als Liebe begreift, als die Verweigerung, die mich ratlos und heillos zurücklässt.

Der Römische Kardinal

Ihr Mut zum Zeugnis freut mich und noch mehr ihre rationale Argumentation. Wir sollen ja jederzeit bereit sein, jedem Rede und Antwort zu stehe, der uns nach dem Sinngrund unserer Hoffnung fragt (1Petr 3,15). Eine rein funktionale Religionsbegründung steht im Widerspruch zum Selbstverständnis des katholischen Glaubens und wird auch dem Streben des Menschen nach der Wahrheit nicht gerecht. Vielleicht kann sich der Arzt zufrieden geben, wenn sein Placebo-Medikament einem Hypochonder hilft. Aber der Mensch bildet sich seine Sterblichkeit, den Tod, sein geistiges und körperliches Leiden, den Verlust seiner Liebsten nicht ein. Eine fingierte Wahrheit hier vorzuspiegeln, wäre nur ein subtiler Betrug. Und keinem Menschen ist es zuzumuten, zum Betrüger seiner Mitmenschen und seiner selbst zu werden. Was wir Christen verkünden, das glauben wir auch selbst. Wie schrieb doch schon Paulus im ersten Brief an die zweifelnden Korinther: „Meine Botschaft und Verkündigung war nicht Überredung durch gewandte und kluge Worte, sondern war mit dem Erweis von Geist und Kraft verbunden, damit sich euer Glaube nicht auf Menschenweisheit stützte, sondern auf die Kraft Gottes." (1Kor 2,4)

Ein Kapitän zur See
Wenn ich mir das Meinungsgewirr hier so anhöre, möchte ich eine solche Mannschaft nicht auf meinem Schiff anheuern. Ich habe schon manchen Riesentanker durch schwere Wasser gesteuert. Aber wenn ich in den letzten Jahren auf Kreuzfahrtschiffen mehrere tausend Leute sicher in den Hafen zurückbrachte, kann ich mir auch einen anlogen Hinweis auf das Schifflein Petri nicht verkneifen. Die erste Aufgabe des Kapitäns ist es nicht, bei rauschenden Bordfesten sich von der charmanten Seite zu zeigen, ein Küsschen hier, ein jovialer Wink dorthin. Nein, Nein! Seine verdammte Pflicht ist es, die Passagiere sicher und heil in den Hafen zu bringen. Als Junge habe ich von Seemanns-Romantik geträumt und gemeint, ein Kapitän kann auf dem Schiff machen, was er will. Da war ein Kollege, der sein Schiff nahe ans Ufer lenkte und nur an die Sensation der Zuschauer dachte, dabei aber die Felsen unter dem Kiel vergaß. Ja, ein Kapitän hat die höchste Verantwortung für sein Schiff. Aber er braucht auch Vertrauen in sein Team und soll sich auf seine Crew verlassen können. Und er muss sein Handwerk gelernt haben und anerkennen, dass er sich an die Vorgaben von Wind und Meer und die Grenzen der Technik zu halten hat, damit sein Schiff nicht auf eine Sandbank fährt oder an den Klippen zerschellt. Eine gute Mannschaft kann man nicht aus Individualisten zusammensetzen, die

nur sich verwirklichen wollen, von den Gesetzen der Nautik aber
kein Ahnung haben. In der Kirche entspricht der Nautik wohl die
Dogmatik. Und die Kollegialität der Bischöfe heißt bei uns auch
Teamgeist. Nicht blind Vorschriften befolgen und sich beim
Kapitän einzuschmeicheln ist der Geist der christlichen Seefahrt,
sondern Handeln aus Fachwissen, das Mitdenken mit der Schiffs-
leitung und Verantwortung übernehmen – alle und alles für das
gemeinsame Ziel. Und das erreicht man nicht mit Küstenschiff-
fahrt. Man muss sich hinauswagen auf die offene See.

Der Römische Kardinal
Das ist das Schlusswort. Besser hätte ich es auch nicht sagen können. Da fällt mir nur noch Paulus ein, der seine zerstrittenen
Korinther bei der Ehre ihres Christennamens packt: „Ich er-
mahne euch aber, Brüder und Schwestern, im Namen unseres
Herrn Jesus Christus. Seid alle einmütig und duldet keine Spaltungen unter euch; seid vielmehr *eines Sinnes und einer Meinung* –
in eodem sensu eademque sententia (1Kor 1,10). Dieses Prinzip
der Identität des Glaubens der Kirche im Fortschritt der theologischen und profanen Wissenschaften hatte schon Vinzenz von
Lérins in seinem Commonitorium formuliert, das auch das Erste
Vatikanische Konzil übernimmt (DH 3020) und das Zweite Vatikanische Konzil entfaltet (DV 8). Bewahrung und Fortschritt,
Identität und Relevanz sind die Beine, auf denen der Körper der
Glaubensgemeinde Stand hat und vorankommt. Konservatismus
oder Progressismus sind die abgebrochen Flügel, die zwar noch
mächtig flattern, aber den Vogel nicht mehr in die Lüfte erheben.
Hören wir bei dem alten Kirchenvater mal rein, was der seinen
Mitchristen von 1600 Jahren schon zu sagen wusste: „Aber vielleicht stellt jemand die Frage: Wird es also in der Kirche Christi
keinen Fortschritt der Religion geben? Natürlich soll es einen
geben, und zwar einen sehr bedeutenden. Denn wer wäre gegen
die Menschen so missgünstig und gegen Gott so hasserfüllt, dass

er dies zu verhindern suchte? Jedoch muss es wirklich ein Fortschritt im Glauben (profectus fidei) sein, und keine Veränderung (permutatio). Zum Fortschritt gehört nämlich, dass eine jede Sache in sich selbst erweitert wird, zur Veränderung hingegen, dass etwas in etwas anders verwandelt wird. Wachsen und gewaltig voranschreiten sollen also die Einsicht, das Wissen und die Weisheit, sowohl bei jedem einzelnen wie auch bei allen insgesamt, beim Individuum wie bei der Gesamtkirche, entsprechend den Stufen der Lebensalter wie der Zeitalter – jedoch nur in der eigenen Art, nämlich in derselben Glaubenslehre, in demselben Sinn und in derselben Bedeutung (Comm. 23).[2]

Geplauder beim Abschied

Nach zweieinhalb Stunden ist der Empfang beendet. Beim Hinausgehen trifft der Romkorrespondent den Kardinal und meint, die Diskussion sei doch ziemlich kontrovers geführt worden. Von der viel gerühmten Einheit der Katholiken unter dem Lehramt sei nicht mehr viel übrig geblieben. Es gehe fast so vielstimmig zu wie bei den Protestanten. Und wie die katholische Kirche gar noch „Werkzeug und Zeichen der Einheit des Menschengeschlechtes" sein soll, um den Ausdruck des Zweiten Vatikanischen Konzils (Lumen gentium 1) zu gebrauchen, bleibe ihm völlig rätselhaft. Der Kardinal verspricht ihm, einen roten Faden in all die Gedankensplitter dieses Nachmittags zu bringen. Immer hat er einen Spruch parat und zitiert Aristoteles mit „Sapientis est ordinare et iudicare".[3] Das ist ja das Höchste und Beste für die Vernunft, wenn sie die Gründe und Zusammenhänge erkennt. Das passt, weil der Heilige Thomas nicht mit Machtsprüchen und einseitigen Parteinahmen die Diskussion beendet, sondern durch das Ernstnehmen aller Argumente die Diskussion erst auf den Weg der Erkenntnis und Einsicht gebracht hat. Um aller ideologischen Vereinnahmung von vornherein den Riegel vorzuschieben, gibt er als Ziele seiner theologischen Studien an, nicht nur wissen zu wollen, was andere gedacht haben, sondern wie am Ende sich die Sache verhält – sicut res se habet.

Anmerkungen

[1] Aus der 2. Rede: am Ende (= PhB 225, 73f).

[2] Vinzenz von Lérins, Commonitorium, hg. v. Michael Fiedrowicz, Mülheim/Mosel, 2011, 267.

[3] Met. 982a; Thomas Aq., S.th. I q.1. a.6.

Die Geister, die ich rief –
der Kardinal in seinem Arbeitszimmer

Im sonnenhellen Arbeitszimmer des Kardinals. Die tägliche Feier der heiligen Messe ist die Mitte eines Priesterlebens. Theologisches Denken beginnt nicht mit Büchern, sondern entspringt der Begegnung mit Christus, dem göttlichen WORT in der „Eucharistie, die das Heilsgut der Kirche in seiner ganzen Fülle enthält" (PO 5). Danach begibt sich der Kardinal bald in sein Arbeitszimmer. Er will eine kleine Studie vorbereiten über die Themen, die am Vortag in der Deutschen Botschaft ziemlich kontrovers diskutiert wurden.
Nachsinnend geht der Kardinal im Zimmer auf und ab.

Der Antagonismus eines traditionalistischen und modernistischen Flügels wirkt lähmend und macht defätistisch. Aus der Taube des Heiligen Geistes, der Kirche als *una columba* – wie die Kirchenväter sagten –, haben sie eine *lame duck* gemacht. Apokalyptische Alpträume vom großen Abfall vor der Wiederkunft Christi geistern durch die Blogger-Szene. Von Franziskus, dem letzten Papst, wird heimlich geraunt und er kokettiert damit.

Der Genius loci Roms beflügelt jedoch seine Gedanken zur Einheit und Reform der katholischen Kirche. Er fasst wieder Mut und die Gedanken und Gefühle nehmen eine klare Gestalt an. Es stärkt ihn der prächtige Blick auf die Kuppel von St. Peter. So stehen ihm immer die göttliche Sendung und der heilige Auftrag des Heiligen Petrus vor Augen. Päpste kommen und gehen. Wie viel Versagen in den eigenen Reihen und wie viele Feinde hat das Papsttum schon überlebt. Und der Papst ist immer noch der Nachfolger Petri. Wie oft schon sind uns die antirömischen Vorurteile und die Stereotypen um die Ohren geschlagen worden, mit denen Historienmaler den Leuten die Phantasie verderben und woran öffentliche Meinungsbildner gut verdienen. Als Seelsorger weiß er genug um die menschlichen Schwächen auch der Gottesmänner und Kirchendiener. Aber man muss die Leute auch warnen vor der billigen Polemik, die wie der Dreck vor einer Kehrmaschine immer voran geschoben wird. Die Hetze gegen die Kirche ist die Bugwelle des Unglaubens.

Der Glaubende bleibt „nüchtern und wachsam" (1Petr 5,8) und er weiß: „Während aber Christus heilig, schuldlos, unbefleckt war (Hebr 7,26), umfasst die Kirche Sünder in ihrem eigen Schoße. Sie ist zugleich heilig und stets der Reinigung bedürftig, sie geht immerfort den Weg der Buße und der Reinigung." (Lumen gentium 8). Durch die Nebel der Trauer über das Allzumenschliche in der Kirche, die Dumpfheit der Gleichgültigen und den Hass der Feinde dringt die klare Verheißung Jesu. Die Pforten der Hölle werden sie nicht überwinden – et portae inferi non praevalebunt adversus eam (Mt 16,18). Gott ist der Herr der Geschichte. Gottes Weltregierung wird vom Durcheinander der Menschen nicht durchkreuzt: hominum confusione – Dei providentia. Der wahre Trost der Gläubigen liegt in der Vorsehung Gottes. (Röm 8,26–30) Er bewahrt die Kirche in der Einheit des Glaubens und der Wahrheit des Wortes, das Fleisch geworden ist. Damit die Kirche in der Einheit des Glaubens bewahrt wird, gibt es den Primat der römischen Kirche.

Was ist also die „beständige Lehre der Kirche über Einrichtung, Dauer, Vollmacht und Sinn des dem Bischof von Rom zukommenden heiligen Primates"? Das Zweite Vatikanische Konzil fasste sie schlüssig zusammen: „Damit aber der Episkopat selbst einer und ungeteilt sei, hat er den heiligen Petrus an die Spitze der übrigen Apostel gestellt und mit ihm ein immerwährendes und sichtbares Prinzip der Einheit des Glaubens und der Gemeinschaft eingesetzt – perpetuum ac visibile unitatis fidei et communionis principium et fundamentum." (Lumen gentium 18)

Der Kardinal schaut sich in seiner Bibliothek um und schon locken die versammelten Geister zum Dialog und Streitgespräch.

Der Gelehrte ist von seinen Büchern wie von seinen Lehrern und Freunden umgeben, aber auch von seinen Widerspruchsgeistern belagert. Seine Bibliothek ist das, worin er sich geistig zu Hause fühlt. Inmitten der Philosophen, von Platon und Aristoteles, Hume und Kant bis Hegel und Heidegger und den Kirchenvätern, der Scholastik, den Reformatoren, den neueren Theologen und Philosophen, reizt ihn der Bezug von Offenbarung und Vernunft. Wie Origenes die Argumente des Philosophen Kelsos gegen die Logik des Glaubens sorgfältig abwog und widerlegte, so sollen wir auch heute „jedem Rede und Antwort geben, der nach dem Logos (den Vernunftgründen) der Hoffnung in uns fragt." (1Petr 3,15)

Nicht die Epigonen der Philosophen des Materialismus, Kritizismus, der Metaphysik-Zertrümmerer, der Gott-ist-tot-Propheten und ihrer Papageien sind die kontroversen Gesprächspartner der Theologie, sondern diese selbst im Original. In ökumenischen Geist werden die großen Autoren der Orthodoxie und der protestantischen Theologie konsultiert.

Wissenschaftliche Bücher führen ihren mitdenkenden Leser nicht in eine Welt blutleerer Abstraktionen, die für die Sorgen und Zwänge des alltäglichen Lebens der Massen nichts bedeuten. Denn jeder Mensch hat das Recht zu erkennen, was es mit dem Sinn und Ziel seines Lebens auf sich hat und jeder Lehrer hat die Pflicht zu wissen, wovon er spricht, so wie jeder Politiker die Grundsätze und Folgen seiner Entscheidungen reflektieren und abwägen muss.

Theologie ist eine Form der Gottesverehrung, eine notwendige Funktion der Kirche. Wie sagte doch Dietrich Bonhoeffer: „Die Theologie ist die Selbstverständigung der Kirche über ihr eigenes Wesen auf Grund ihres Verständnisses der Offenbarung Gottes in Christus, und diese Selbstverständigung setzt notwendig immer dort ein, wo eine neue Wendung im kirchlichen Selbstverständnis vorliegt."[1]

Wissenschaftlich qualifizierte und kirchlich verortete Theologie ist „Protest gegen jedes Kirchentum, das nicht der Frage nach der Wahrheit vor allem die Ehre gibt."[2] Das sagte der junge Theologe gegen diejenigen, die in der ökumenischen Bewegung die Theologie gegen die Praxis ausspielen wollten. „Denn unglücklich sind, die Weisheit und Bildung verachten." (Weish 23,11)

Niemand kann das Evangelium verkünden, der nicht vorher Schüler des göttlichen Lehrers war. Denn durch falsche und verkürzte Darstellung der Glaubenslehre wird die Spottlust der Gegner gereizt und noch mehr das Heil der Menschen gefährdet, die berufen sind durch das Licht Christi zum Glauben und zum ewigen Leben zu kommen (vgl. Joh 1,7).

Die Wahrheit des Glaubens ist Grund und Quelle des christlichen Lebens. Ohne die Lehre des Glaubens, die sana et vera doctrina fidei (vgl. 1Tim 4,6), ist eine gute Pastoral unmöglich, weil wir im Glauben „zur Erkenntnis der Wahrheit gelangt sind." (1Tim 4,3). Christus, der Lehrer und Christus, der gute Hirt, der bonus pastor, ist ein und dieselbe Person.

Der Priester ist „Diener des Wortes" (Lk 1,2), „der dafür eintritt, ob man es hören will oder nicht …, auch in der Zeit, da man die gesunde Lehre nicht erträgt, sondern sich nach eigenen Wünschen immer neue Lehrer sucht, die den Ohren schmeicheln" (2Tim 4, 2f.). Demütig nimmt er vom Apostel die Mahnung entgegen: „Du aber sei in allem nüchtern, ertrage das Leiden, verkünde das Evangelium, erfülle treu deinen Dienst" (2Tim 4,5). Theologie ist nicht intellektuelle Selbstbeschäftigung, sondern Erkenntnis des Wortes Gottes zum Dienst an der Kirche. Theologische Bücher werden geschrieben und gelesen zur Ehre Gottes, damit der Glaube in den Herzen der Menschen befestigt und vertieft wird. Theologie ist Dialog mit Gott in seinem Wort und in der Kraft des Heiligen Geistes, der Leben gibt. Denn der Mensch lebt nicht vom Brot allein, sondern von jedem Wort, das aus Gottes Mund kommt" (Mt 4,4). Glaube ist nicht nur ein vages Gefühl des Übersinnlichen, sondern Erkenntnis Gottes in Jesus Christus zum ewigen Leben (vgl. Joh 17,3). Die Kirche bedarf der gelehrten Theologie. Denn Jesus sagte zu seinen Jünger: „Jeder Schriftgelehrte also, der zum Jünger des Himmelreiches geworden ist, gleicht einem Hausvater, der aus einem reichen Vorrat Altes und Neues hervorholt" (Mt 13,52).

Darum fühlt sich der Lehrer der heiligen Wissenschaft in seiner Bibliothek nicht wie einst Goethes „Faust" in seinem Studierzimmer. Er lässt sich inspirieren vom Geist Gottes, der stets bejaht, nicht vom Geist, der stets verneint. Einst gesellte sich Mephistopheles zu Faust „der wissen will, was die Welt im Innersten zusammenhält" (Faust I, Nacht in einem hochgewölbten, engen gotischen Zimmer). Folgende Visitenkarte gab er ab:

Ich bin der Geist, der stets verneint!
Und das mit Recht; denn alles, was entsteht,
Ist wert, dass es zugrunde geht;
Drum besser wär's, dass nichts entstünde.
So ist denn alles, was ihr Sünde,
Zerstörung, kurz, das Böse nennt,
Mein eigentliches Element.
(Faust I, Studierzimmer).

Ganz anders der Gelehrte in der heiligen Wissenschaft. Er fühlt sich in seinem Arbeitszimmer eher wie „Hieronymus in Gehäus", dem einzigen Kirchenvater mit Kardinalshut. In der berühmten Darstellung Albrecht Dürers (1514) sitzt der Heilige am Schreib- und Lesepult. Er studiert die Bibel, um so im Wort Gottes das Geheimnis des Menschen und seine göttliche Berufung tiefer kennenzulernen. „Denn die Schrift nicht kennen, heißt Christus nicht kennen." (Comm. in Isaias. prol.) Der Totenschädel auf dem Fenstersims erinnert den Betrachter daran, dass wir in Adam alle dem Tod geweiht waren. Doch das Kreuz an der Wand an seiner Seite vergewissert uns der Erlösung von unseren Sünden und dem ewigen Tod. Im Kreuz ist Leben und Hoffnung – das ist Botschaft des Heils, die unser Kirchenvater der Heiligen Schrift entnimmt. „Wir wissen, dass Christus von den Toten auferweckt, nicht mehr stirbt; der Tod hat keine Macht mehr über ihn. Denn durch sein Sterben ist er ein für allemal gestorben für die Sünde, sein Leben aber lebt er für Gott. So sollt auch ihr euch als Menschen begreifen, die für die Sünde tot sind, aber für Gott leben in Christus Jesus." (Röm 6,9–11)

Und anders als Faust mit seinem zotteligen Pudel weiß Hieronymus mit seinem dankbaren Löwen, dem er einen Dorn aus dem Fuß gezogen hatte, dass am Anfang nicht die Tat war, sondern das Wort, durch das alles geworden ist. „In ihm war Leben und das Leben war das Licht der Menschen." (Joh 1,4)

Nicht in der Machtergreifung liegt des Menschen Schicksal, sondern in der Danksagung. Tat ohne Wort ist brutum factum, die rohe Gewalt. Aber die Taten des Heils aus dem Wort sind Geist und Leben (Joh 6,63). Unser Vorbild ist nicht der himmelstürmende Titan, sondern der demütige Sohn des Vaters, der für uns Menschen und zu unserem Heil vom Himmel herabgestiegen ist. „Er befreit die ganze Schöpfung von der Sklaverei und Verlorenheit zur Freiheit und Herrlichkeit der Kinder Gottes." (Röm 8,21) Zu früh freute sich „der Ankläger unserer Brüder vor unserem Gott" (Offb 12,10) über den Tod der Sünderin. Dem Triumphschrei des Mephisto über das Verderben einer unglücklichen Seele „Sie ist gerichtet!" hält die „Stimme von oben" gerade in dem Augenblick, da alles verloren scheint, das Urteil der Gnade entgegen: „Ist gerettet!" (Faust I, Schlussszene im Kerker).

Dem Zynismus gegen das Leben, dem Nihilismus gegen das Sein und der Verzweiflung an der Hoffnung zeigt der Glaubende seinen Personalausweis mit einer unverwechselbaren PIN und der reagiert nicht auf das Passwort „Fluch", sondern nur auf „Segen". Der Heilige Geist lehrt uns nicht „ein garstig Lied! Pfui! ein politisch Lied, Ein leidig Lied! (Faust I. Auerbachs Keller in Leipzig), sondern das „heitre Lied" der Erlösten:

> *Der Christ, das ist der Mensch, der stets bejaht!*
> *Und das mit Recht; denn alles, was entsteht,*
> *Ist wert, dass es nie zugrunde geht;*
> *Drum besser war's, dass entstand,*
> *was der Schöpfer selbst* sehr gut *genannt.*
> *So ist denn alles, was ihr Gnade,*
> *Versöhnung, kurz, die Liebe nennt,*
> *Des Höchsten eigentliches Element.*

Der Kardinal ist etwas getröstet in seiner Frage, wie er bei dieser Verwirrung der Geister und auch der eiskalten Machtpolitik mancher Seilschaften für die Einheit der Kirche und ihre Reform in Christus werben soll.

Aber geistlich fühlt er den Auftrag zum Dienst an der Kirche, weil der Sohn Gottes selbst vor seinem Kreuzesleiden zu seinem Vater für die Einheit der Kirche gebetet hat. Wir dürfen uns nicht in die Ruhe der Beschaulichkeit zurückziehen, wenn rohe Hände das ungeteilte Gewand des Herrn auseinander reißen (Joh 19,23). Solange wir auf dieser Erde pilgern, gehören wir zur streitenden Kirche, der militia Christi (Eph 6,10–20). „Wir leben zwar in dieser Welt, kämpfen aber nicht mit den Waffen dieser Welt. Die Waffen, die wir bei unserem Feldzug einsetzen, sind nicht irdisch, aber sie haben durch Gott die Macht, Festungen zu schleifen; mit ihnen reißen wir alle hohen Gedankengebäude nieder, die sich gegen die Erkenntnis Gottes auftürmen. Wir nehmen alles Denken gefangen, sodass es Christus gehorcht." (2Kor 10,3–6)

Im Abendmahlsaal sprach Jesus zu seinem Vater: „Aber ich bitte nicht nur für diese hier, sondern auch für alle, die durch ihr Wort an mich glauben. Alle sollen eins sein: Wie du, Vater, in mir bist und ich in dir bin, sollen auch sie in uns sein, damit die Welt glaubt, dass du mich gesandt hast. Und ich habe ihnen deine Herrlichkeit gegeben, die du mir gegeben hast; denn sie sollen eins sein, wie wir eins sind, ich in ihnen und du in mir. So sollen sie vollendet sein in der Einheit, damit die Welt erkennt, dass du mich gesandt hast und die Meinen ebenso geleibt hast wie mich." (Joh 17,20–23)

Ihm kommt auch das Pfingstereignis in den Sinn, als der Heilige Geist durch die Predigt der Apostel die erste Kirche versammelte aus allen Sprachen der Welt. Und alle konnten sehen, „wie die Gemeinde der Gläubigen ein Herz und eine Seele war" (Apg 4,32). Die innere Einheit der Kirche in Glaube und Liebe vollzog sich darin, dass sie „an der Lehre der Apostel festhielten und an der Gemeinschaft, am Brechen des Brotes und an den Gebeten" (Apg 2,42).

Doch schon der Blick in die Gemeinden des Paulus ist erschütternd. Von Spaltungen, Zank und Streit wird berichtet. Und der Apostel fährt scharf seine Korinther an: „Ich meine damit, dass jeder von euch etwas anders sagt: Ich halte zu Paulus – ich zu Apollos – ich zu Kephas – ich zu Christus. Ist denn Paulus für euch gekreuzigt worden? Oder seid ihr auf den Namen des Paulus getauft worden?" (1Kor 1,11–13)

Die Einheit der Kirche hat nichts mit romantischen Gefühlen des Verschmelzens von Gott und Welt oder der Idylle gemütlichen Zusammenseins bei Kaffee und Kuchen zu tun. Das „Herrenmahl in der Kirche Gottes" (1Kor 11,20ff.) kann nur gefeiert werden als wirksames Zeichen der Einheit, wo es „keine Spaltungen – schismata – gibt, „wenn ihr als Versammlung der Kirche zusammenkommt. Denn es muss häretische Parteiungen (haereses oportet esse) geben unter euch; nur so wird sichtbar, wer unter euch treu und zuverlässig ist" (1Kor 11,18f.).

Die Bischöfe haben eine besondere Verantwortung für die Einheit der Kirche in der Wahrheit Christi. Darum hatte schon der berühmte Kirchenvater Cyprian von Karthago den während der Verfolgung Abgefallenen, den Häretikern und Schismatikern die Einheit der Kirche als Grund ihrer Heilsvermittlung herausgearbeitet: „Wer an dieser Einheit der Kirche nicht festhält, meint der an dem Glauben festzuhalten? Wer der Kirche widerstrebt und sich widersetzt, ist der noch überzeugt, innerhalb der Kirche zu stehen? Lehrt nicht der selige Apostel Paulus das gleiche, indem er auf das heilige Geheimnis der Einheit hinweist mit den Worten: ‚Ein Leib und ein Geist, eine Hoffnung eurer Berufung, ein Herr, ein Glaube, eine Taufe, ein Gott.‘ (Eph 4,4–6) Diese Einheit müssen wir unerschütterlich festhalten und verteidigen, vor allem wir Bischöfe, die wir in der Kirche den Vorsitz haben, damit wir auch das Bischofamt selbst als ein einziges und ungeteiltes erweisen. Niemand täusche die Brüder durch eine Lüge, niemand fälsche die Wahrheit des treuen Glaubens durch treulose Entstellung! Das Bischofamt ist nur eines, an dem jeder einzelne nur unter Wahrung des Ganzen seinen Anteil hat. Auch die Kirche ist nur eine, die sich zur Vielheit bloß durch ein üppiges Wachstum immer weiter ausbreitet, ebenso wie die Sonne viele Strahlen hat, aber nur ein Licht, und wie der Baum zwar viele Zweige besitzt, aber nur einen auf fester Wurzel gegründeten Baum.“ (Cyprian, De unit. eccl. 4–5)

Aus der Tatsache, dass die Einheit der Kirche von Gott gestiftet ist und das sakramentale Wesen der Kirche im Glauben erkennbar macht, folgt die Anwendung auf die Einheit der katholischen Gläubigen in der Kirche, die Einheit aller Getauften mit der katholischen Kirche und der Dienst der katholischen Kirche an der Einheit des Menschengeschlechtes.

Wenn „Christus das Licht der Völker ist“ folgt diese Definition von Wesen und Sendung der Kirche: „Die Kirche ist ja in Christus gleichsam das Sakrament, das heißt Zeichen und Werkzeug für die innigste Vereinigung (unio) mit Gott wie für die Einheit (unitas) des ganzen Menschengeschlechts." (Lumen gentium 1)

Gerade als die ersten Umrisse des Themas über die Reform und Einheit der Kirche sich vor seinem geistigen Auge abzeichnen, klingelt es an der Wohnungstür des Kardinals. Der Journalist von gestern kommt mit einem französischen Kulturtheoretiker. Sie entschuldigen sich für die Störung und machen es sich für eine lange Sitzung bequem.

Anmerkungen

[1] DBW 11, 327f.
[2] Ebd., 328.

Zwischen Kultur und Tageszeitung

Der Kardinal

Willkommen meine Herren, aber ich bin gerade bei den ersten Skizzen meines neuen Buches über die Reform und Einheit der Kirche im Glauben. Ich gehe natürlich systematisch vor, wie ich es von meinen akademischen Lehrern gelernt und den Studierenden bei der Betreuung ihrer Arbeiten bis hin zur Dissertation und Habilitation immer nahegelegt habe. Nun, zuerst fällt uns doch ein, dass von den vier Attributen der Kirche im Nizäno-Konstantinopolitanum, also dem Großen Glaubensbekenntnis neben dem kleinen Credo, dem Apostolikum, die Einheit zuerst genannt wird, gefolgt von den anderen Eigenschaften der Kirche.

Es scheint mir nicht nur zeitlich die erste, sondern die grundlegende Eigenschaft der Kirche zu sein. Es ist gleichsam die Wurzel und der Stamm, aus dem die anderen drei wie Äste hervorgehen. Denn die Einheit der Kirche gründet in der Einheit Gottes und spiegelt sie wieder. Die Kirche geht aus der geschichtlichen Selbstoffenbarung Gottes hervor als Haus und Volk Gottes, Leib Christi und Tempel des Heiligen Geistes. „So erscheint die ganze Kirche als ‚das von der Einheit des Vaters und des Sohnes und des Heiligen Geistes her geeinte Volk'." (Lumen gentium 4) Diesen Satz vom Ursprung der Kirche in der Einheit der Trinität hat das Zweite Vatikanische Konzil von Cyprian von Karthago übernommen und der Systematik seiner Ekklesiologie zugrundegelegt.

Wir beten darum in der Heiligen Messe an allen Sonn- und Feiertagen: „Ich glaube an Gott, den Vater, den Sohn und den Heiligen Geist" mit ihren Werken in der Schöpfung und Heilsgeschichte, und dann heißt es ja: „Wir glauben die eine, heilige, katholische und apostolische Kirche." Es ist also keineswegs eine politische und organisatorische Einheit gemeint oder etwas im Stil absolutistischer Fürsten und der Führer totalitärer Staaten, die alle Macht in einer Hand vereinen. Un roi, une lois, une foi war eine politische Parole des Absolutismus Ludwig XIV. und seiner zahlreichen Imitatoren. Er hielt sich für die größte Leuchte in seinem Sonnensystem. Hier wurde die Religion der Staatsräson untergeordnet. Später schaltete man die Kirche in den atheistischen Staaten ganz aus und ersetzte die gesellschaftliche Funktion der Religion durch eine totalitäre Ideologie. Mit den Parolen „Ein Volk, ein Reich, ein Führer" und „Die Partei hat immer Recht" beanspruchte man die totale Herrschaft über die Köpfe und Herzen. Jede Religion und jede Moral, die in Gottes Autorität gründet, galten als Widersacher der Freiheit und des Fortschritts und wurden bis aufs Blut bekämpft. Und wie doch die politischen Todfeinde so leicht die große Koalition des Antiklerikalismus schmiedeten. Die Liberalen und Sozialisten des Trennungsbeschlusses von Kirche und Staat 1905 in Frankreich wüteten ebenso gegen das Kreuz Christi wie die Nazis in Deutschland und die Gottlosen-Bewegung in der Sowjetunion. Was muss in den Herzen vorgehen, dass man vor dem Bild des Gekreuzigten erschrickt? Warum löst der solche Angst aus, von dem es heißt: „Er stiftete Frieden und versöhnte die beiden (Juden und Heiden) durch das Kreuz mit Gott in einem einzigen Leib. Er hat in seiner Person die Feindschaft getötet."

Wenn Jesus dagegen verheißt, dass es nur „eine Herde und einen Hirten" (Joh 10,16) geben wird, meint er nicht einen weltlichen Machtanspruch von Menschen über Menschen, sondern erinnert an seine Lebenshingabe für uns, durch die die Kirche als Gemeinschaft im Glauben, in der Hoffnung und in der Liebe entsteht. Die Einheit der vielen Gläubigen untereinander mit den unterschiedlichen Charismen und Talenten ist eine Gabe

Gottes für seine Kirche. Sie sind organisch wie die vielen Glieder einem Leib zugehörig und ihr Haupt ist Christus.

Nur mit brutaler Gewalt sind die Cäsaren verschiedenster Spielart zur Alleinherrschaft gelangt. Sie haben die Leben anderer für sich geopfert, aber Jeus hat sein Leben für andere geopfert. Das ist der Unterschied, auf den alles ankommt, wenn wir vom Gottesreich oder den Weltreichen reden. Hier der König am Kreuz, dort der imperiale Pomp der Vergänglichkeit. Christus hat sich sein Reich nicht wie die Herrscher dieser Welt mit der militärischen Macht der Legionen und den Manipulationen raffinierter Propaganda zusammengerafft.

Vor Pilatus weist er sich als König ganz anderer Art aus: „Ja, ich bin ein König. Ich bin dazu geboren und in die Welt gekommen, dass ich für die Wahrheit Zeugnis ablege. Jeder, der aus der Wahrheit ist, hört auf meine Stimme." (Joh 18,37) Die Einheit der Christen gründet in der Einheit Jesu mit seinem himmlischen Vater in der Allerheiligsten Dreifaltigkeit. Und da er in der Inkarnation unser Menschsein angenommen hat, ist es der Gott-Mensch, das Haupt der Kirche, der die vielen Glieder, nämlich die einzelnen Getauften, in einem Leib eint. Entsprechend diesem paulinischem Bild von der Kirche als Leib Christ in Einheit mit dem Haupt, hat der Heilige Augustinus die berühmte Formulierung geprägt:

Der eine und ganze Christus in Haupt und Leib mit den vielen Gliedern – unus et totus Christus, caput et corpus et membra (Sermo 341,9,11).

Es ist also nicht eine kollektive, sondern eine organische und personale Einheit in der Gemeinschaft mit Christus und untereinander. Paulus unterstreicht die personale Realität der Kirche: „Ihr seid einer in Christus." (Gal 3,28) Es sagt nicht nur, dass wir eins sind, das wäre es nur eine Einheit der Gesinnung. Die Kirche ist eine Person in Christus und die Glieder des Leibes Christi sind real in einer sakramentalen Einheit verbunden. Deshalb kann die

Kirche in Bezug auf Christus, den Bräutigam, auch *Braut* genannt werden; und im Hinblick auf die Gläubigen *Mutter.*

In dieser historischen Stunde der Kirche können die katholischen Gläubigen durchaus von Rom, der Stadt der Apostelfürsten Petrus und Paulus, eine geistliche, geistige und moralische Neu-Orientierung erwarten. Das ist meine feste Überzeugung, die auf der von Christus gestifteten Führungsrolle der römischen Kirche basiert. Hat nicht schon Irenäus von Lyon im 2. Jahrhundert gegen die gnostischen Zweifel an ihrer Legitimität das entscheidende Prinzip der Einheit der Katholiken in der Wahrheit Christi ins Licht gestellt:

„Mit dieser von den beiden hochberühmten Aposteln Petrus und Paulus in Rom begründeten und organisierten Kirche … muss ihrer besonderen Gründungsautorität wegen jede andere Kirche übereinstimmen, das heißt die Gläubigen überall. In ihr ist von den Gläubigen in jeder Hinsicht die Tradition, die auf die Apostel zurückgeht, bewahrt worden." (Haer. III, 3,2)

Das größte Hindernis scheint die Ersetzung des Glaubens durch eine Ideologie zu sein oder dass die Kirche – statt sich ihrer universalen Sendung in Christus zu vergewissern – zwischen den ideologischen Parteien politisch hin und her laviert. Wie oft hört man den Satz: Man müsse die Kirche quasi neu gründen, damit sie sich in einer säkularisierten Welt behaupten könne. Die Kirche stehe vor der tragischen Alternative, entweder ihre Identität zu wahren und dabei ihre Relevanz zu verlieren oder um jeden Pries,   *es* auch ihre Identität sich der modernen Welt anzupassen

Der französische Kulturtheoretiker

Das Projekt der Aufklärungsphilosophie des 18. Jahrhunderts, das letztlich auf einen „Humanismus ohne Gott"[1] abzielte, scheint aktuell im Programm der vollständigen De-Christianisierung der europäischen Kultur und Zivilisation ihrem Ziel ganz nahe gekommen zu sein. Ich erinnere an den Anfang dieses Tsunami mit den Jakobinern der Französischen Revolution. In seinem Kampfblatt „Père Duchesne" hatte Jacques-René Hébert, der dann aber am 24. März 1794 selbst auf der Guillotine endete, die radikale Auslöschung aller Erinnerungszeichen an die christliche Geschichte Frankreichs verlangt. Die erste Nummer des extrem antiklerikalen Blattes erschien unter dem Titel „Runter mit den Glocken". Christliche Symbole, Feste und Namen sollten verschwinden: „Aus den Augen und aus dem Sinn". Anstelle des Glaubens an Gott, trat der „Kult der Vernunft". Die Jakobiner waren die willigen Vollstrecker der Religionskritik der Aufklärung. Aber jede Revolution bringt solche Ungeheuer hervor. Ihr Deutschen habt auch so eine Figur in dem antichristlichen und antisemitischen Nazi-Demagogen Julius Streicher mit seiner Hetzschrift „Der Stürmer". Auch er endete unrühmlich in Nürnberg am 16. Oktober 1946 am Galgen. Ähnlich brutal stellte der militante Atheismus in der Sowjetunion sich das Ziel einer totalen Vernichtung des Christentums. Leo Trotzki, den Stalin am 21. August 1940 in Mexiko hatte ermorden lassen wird, schrieb in einem Artikel in der Regierungszeitung Iswestija (13. Oktober 1922, Nr. 231): „Die Religion ist Gift, insbesondere in einer revolutionären Epoche …, weil es die Frage ist, ob ein Mensch, dem man eine jenseitige Welt verspricht, ein Reich ohne Ende, noch sein Blut und das seiner Mitmenschen vergießt, um ein Reich auf dieser Erde aufzubauen. Wir müssen ins Volk gehen mit der Propaganda des Atheismus, weil eine solche Propaganda den Platz des Menschen im Weltganzen bestimmt und ihm den Bereich seiner bewussten Tätigkeiten hier auf der Erde umreißt."[2] Dies ist ja die typische Denkfigur des neuzeitlichen Atheismus mit seiner primitiven Gegenüberstellung von Jenseits und Diesseits, als ob Gottorientierung und Weltverantwortung sich nicht gerade wechselseitig bedingen.

Während man in den politischen Atheismen den sicher erwarteten Tod der Religion durch die Ausrottung ihrer Anhänger beschleunigen will, wird in den liberalen Kreisen der natürliche Tod der Religion in Kürze erwartet. Mit der Heraufkunft von Wissenschaft und Technik habe ein Prozess der „Entzauberung der Welt", wie der große Soziologe Max Weber formulierte, begonnen, der die Religion zum Aussterben verurteilt. Allerdings ist in neuerer Zeit angesichts der gegenteiligen Faktenlage die Plausibilität der Säkularisierungsthese in Frage gestellt worden. Ich sehe gerade hier die Bücher von *Charles Taylor* und denke besonders an „A Secular Age" (2007)[3]. Einen großen Wurf in Auseinandersetzung mit Max Weber ist *Hans Joas* gelungen mit seinem Buch: „Die Macht des Heiligen. Eine Alternative zur Geschichte der Entzauberung".[4] Ich möchte den Versuch einer Neubegründung der rationalen Theologie bei *Volker Gerhardt* in seinem Buch: „Der Sinn des Seins. Versuch über das Göttliche"[5] nicht vergessen.

Aber noch mal zurück! Hegel hatte sich noch in seinem absoluten Idealismus dem Materialismus, dem Standpunkt der transzendenzlosen Diesseitigkeit der Aufklärung entgegengestemmt. Er wollte die Weltgeschichte inklusive des Todes Gottes am Kreuz, der Stunde des triumphierenden Atheismus, als die dialektische Selbstverwirklichung des absolutes Geistes begreifen und darin der Offenbarung der Wahrheit von Religion und Philosophie einholen.

Der Herr Professor greift in die Regale und schlägt Hegels „Vorlesungen über die Weltgeschichte" (I/B) zielsicher auf und zitiert:
„Die Weltgeschichte ist die Darstellung des göttlichen, absoluten Prozesses des Geistes in seinen höchsten Gestalten, dieses Stufenganges, wodurch er seine Wahrheit, das Selbstbewusstsein über sich erlangt."[6]. Die Weltgeschichte hat als Offenbarung und Durchführung des Planes Gottes nicht nur das subjektive Heil des Menschen zum Ziel, das zweckrational nur auf das Jenseits hin geordnet wäre.

Der Professor überschlägt viele Seiten, landet beim Teil C und resümiert:

„Nach der religiösen Ansicht nun ist der Zweck wie des Naturdaseins, so auch der geistigen Tätigkeit die Verherrlichung Gottes. In der Tat ist dies der würdigste Zweck des Geistes und der Geschichte." (PHB 171a, 181)

Doch die Materialisten und Atheisten des 19. Jahrhunderts knüpften wieder bei ihren Vorläufern im englischen Empirismus und den Enzyklopädisten der französischen Aufklärung an.

Der französische Professor weist hin auf den Discours préliminaire, den Denis Diderot 1751 für die Enzyklopädie geschrieben hat, die den Geist der Diesseitigkeit der Moderne am reinsten verkörpert. Die Neoatheisten verehren sie wie eine Ikone und ihre Verfasser wie Helden und Heilige.

Eine Deutung der gesamten Geistes- und Religionsgeschichte der Menschheit, die mit naturgesetzlicher Notwendigkeit abläuft, bot Auguste Comte in seinem Discours sur l'Esprit positif (1844). Von der Überlegenheit der positivistischen Denkweise überzeugt, entwickelt er das Drei-Stadien-Gesetz. Mit Notwendigkeit offenbart der Fortgang der Weltgeschichte „das Gesetz der Geistesentwicklung der Menschheit". Demnach beginnt es mit dem theologischen oder fiktiven Stadium, um vom metaphysischen oder abstrakten Stadium abgelöst zu werden und um schließlich im positiven und realen Stadium zu kulminieren. Nur das positiv Gegebene und empirisch Verifizierbare ist das Reale, so dass alle Theologie auf Fiktion ruht. Die moderne positivistische Wissenschaft in ihrer Theorie und praktischen Anwendung in der Technik sei mit der Theologie und dem Glauben an den einen Gott oder an transzendente Mächte prinzipiell unvereinbar. Der wahre Gott ist die Menschheit, die sich in einer künstlichen Religion selbst zelebriert.

Ich erinnere an das andere Narrativ der Neuzeit, die allerdings nicht mit der Apotheose des Menschen endet, sondern ihn auf das Niveau des Tieres absenkt. Nach Sigmund Freud habe der naive Narzissmus des menschlichen Bewusstseins durch die fortschreitende Wissenschaft zuerst die kosmologische, dann die biologische und zuletzt die psychologische Kränkung erlitten: durch Kopernikus sei er aus der Mitte des Kosmos vertreiben worden, durch Darwin musste er lernen, dass er aus dem Tierreich hervorging und deshalb zwischen Mensch und Tier nur ein gradueller Unterscheid bestehe, „wodurch er das angebliche Schöpfungsvorrecht des Menschen zunichte machte"[7]. Durch Freuds Entdeckung des Unbewussten sei ihm klar gemacht worden, dass das Ich nicht Herr im eigenen Haus ist.

Vergleichbar sind der klassenkämpferische Materialismus, die Feuerbachsche Projektionstheorie mit ihrem Geschichtsbild, das auf die reine Immanenz des Menschen hinführt, ohne dass die Stelle des Absoluten leer bleibt. Anstelle des personalen Gottes des Wortes und des Heiligen Geistes tritt die Verabsolutierung der Idee des Fortschrittes, der Wissenschaft, der Menschheit, die ihre Interessen durch eine Partei oder einen Führer vertreten lassen. Statt der Befreiung ist der Mensch nun dem Menschen ausgeliefert, weil es keine Instanz mehr gibt, an die er appellieren könnte oder vor der er sich in seinem Gewissen verantworten müsste.

Aber die Geschichte ist ihrem Wesen nach nicht die Abfolge von Klassenkämpfen, die notwendig auf das irdische Paradies der arbeitenden Bevölkerung hinzielt. Sie ist auch nicht das Gegenteil. Die Geschichte ist – nach meiner Überzeugung – der Fortgang der Zeit, in dem der einzelne Mensch und die Staaten und religiöse Gemeinschaften dem bonum commune dienen, ohne dass die Idee der innerweltlichen Vollendung von allen als Überzeugung abverlangt werden kann. Denn damit würde man den Säkularismus, die eine Weltanschauung unter anderen ist, an die Absolut-Stelle setzen. Der Säkularismus ist nicht gleichsam der Normalfall, dem gegenüber die an der Transzendenz ausgerichteten Religionen erst ihr Existenzberechtigung und Nützlichkeit rechtfertigen müsste. Diesen Selbstwiderspruch haben unser Laizisten bis dato noch nicht durchschaut, sonst wären sie etwas toleranter und konzilianter.

Denn die Verantwortung für die Welt ist durchaus mit der Überzeugung von einer übernatürlichen und göttlichen Berufung zur Seligkeit in Gott vereinbar. Die Hoffnung auf eine übernatürliche Vollendung setzt mehr Einsatz der Nächstenliebe frei als die Illusion eines materiellen Paradieses auf Erden, aus dem ich durch den Tod wieder ausgeschlossen werde.

Gemeinsam ist diesen Ideologien die absolute Gewissheit, dass mit der fortschreidendenden Bildung, den Segnungen der Technik und mit dem Kampf gegen Unterdrückung, Ausbeutung, Hunger, Krieg der Glaube an Gott und die damit verbundene Religion und Moral, gemeint ist das Christentum, notwendig abstirbt. Und man muss die Kreation des Neuen Menschen beschleunigen durch die Vernichtung der Religion, die „Opium des Volkes" ist. „Die Kritik der Religion ist also im Keim die Kritik des Jammertals, dessen Heiligenschein die Religion ist."[8]

Der Journalist eines christlichen Wochenmagazins
Ich darf mich jetzt endlich auch mal einschalten. Offenbar ist man von diesen Axiomen aber doch nicht so ganz überzeugt gewesen, wenn man dem objektiven Gang des geschichtlichen Emanzipationsprozesses durch grausamste Christenverfolgungen meinte, nachhelfen zu müssen. Menschen ehrlichen Glaubens werden wegen ihrer Religion als dem Opium verfallene unheilbare Kranke diffamiert. Es gibt heute Staaten, die ihren Kampf gegen das Rauschgift durch Mord an den Süchtigen ausfechten. Das ist die Konsequenz des Humanismus gegen Gott, wenn man Gesunde zu Kranken und Kranke zu Verbrechern erklärt.

Alles Christliche, das die Grundlagen des Menschenbildes und der Weltanschauung ausmacht und das individuelle und gesellschaftliche Denken und Handeln durchdringt und prägt, soll durch ein universelles Gegen-Paradigma verdrängt werden, indem der Mensch sich selbst Grund, Norm und Ziel ist. Das Christentum in seiner öffentlichen Erscheinung im Glaubensbekenntnis und der Sakramentalität der Kirche, in Kult, Liturgie und Ethik, Mystik und Aszetik soll nicht nur zur reinen Privatsache werden, sondern durch permanente Gehirnwäsche aus dem Bewusstsein verdrängt werden. Die Marginalisierung von Kirche und Religion (in den Kulturkämpfen in Italien und Deutschland) oder sogar ihre physische Vernichtung (im Grande Terreur der Französischen Revolution, im Nationalsozialismus und Bolschewismus) wird als Tat der Befreiung der Menschen aus der Macht der Priester gefeiert, die die Menschen in Unwissenheit und Abhängigkeit hielten. Mit Voltaires Mantra „Écrasez l'Infâme – Vernichtet die katholische Kirche" im Ohr haben sich seither die Mörder von vielen Zehntausend und Hunderttausend Priestern und gläubigen Laien von einer höheren Legitimität getragen gewusst.

Die Aufklärung ist im Kern ein Materialismus, der konsequent zum Atheismus führt und sich in seiner milderen Form vornehm distanziert in Skepsis und Agnostizismus der Gebildeten gefällt. Vom hohen Ross eitlen Vernunftstolzes herunter lässt man dem einfachen Volk aus psycho-hygienischen und sozialpolitischen Gründen noch einen Rest an religiösem Gefühlen und symbolischen Kultfeiern. Man benutzt das „traditionelle, überholte und mittelalterliche" Christentum nur als Negativfolie des selbstbestimmten, autonomen, toleranten und pluralistischen modernen Menschen. Damit ist nicht nur die Wahrheit des Glaubens, der die Antwort ist auf die freie Selbsterschließung Gottes in seinem Wort und in einem damit das Zeugnis der Offenbarung in der Gestalt der Kirche, in Frage gestellt. Es entsteht eine Gefahr für Einheit der Glaubensgemeinde, die auf diese Herausforderung ihrer Existenzberechtigung antwortet durch totalen Widerstand oder partielle Anpassung.

Da das epochale Projekt eines Humanismus ohne Gott der Einsicht in den naturgesetzlich notwendigen Prozess der unendlichen Selbstvervollkommnung des Menschengeschlechtes entspringt, ist für eine Religion der Erlösung durch Gott und der Vollendung des Menschen in Gott prinzipiell kein Raum. Die christliche Theologie als die wissenschaftliche Auslegung der geschichtlichen Selbstoffenbarung Gottes in Jesus Christus steht vor der Alternative, ihre Lehren naturalistisch umzudeuten, ihren Kult und ihre Moral einer natürlichen und vernünftigen „Religion" zur Verfügung zu stellen oder sich supranaturalistisch dem Fortschritt, der Wissenschaft und der modernen Kultur entgegenzustellen und somit als Fremdkörper empfunden und mehr oder minder heftig abgeschüttelt zu werden.

Bis ins 18. Jahrhundert galt bei der europäischen Mehrheitsbevölkerung das Christentum als der geistig und sittlich unüberbietbare Höhepunkt der Menschheitsgeschichte, weil über die endzeitliche Selbstoffenbarung Gott in seinem Fleisch gewordenen Wort hinaus keine tiefere Erkenntnis über die Herkunft und Zukunft, den Sinn von Sein überhaupt möglich ist. Die Spaltung der abendländischen Christenheit mit dem Nebeneinander der katholischen Kirche und den protestantischen Konfessionen hatte an dieser Grundeinsicht nichts Wesentliches geändert, denn die Kontroverse bezog sich in der Hauptsache auf die kirchlich-sakramentale Vermittlung der Erlösung. Freilich darf man die Verschiebung im Menschenbild nicht vergessen, die aufgrund der Lehre von der totalen Verderbtheit der menschlichen Natur durch die Erbsünde oder ihre bloße Verwundung sich in eine mehr pessimistisch oder mehr optimistische Sicht auf den Menschen auseinander entwickelte.

Im 16. und 17. Jahrhundert waren die Auseinandersetzungen in den kontroversen Glaubenslehren mit den politischen Interessen der Machthaber so verknüpft und als Stützen der gesellschaftlichen Verhältnisse in Anspruch genommen, dass der aufklärerische Humanismus seine großen Visionen von der Freiheit und Autonomie, von Fortschritt und einer Gesellschaft der gleichen Rechte und Chancen im Widerspruch zur politischen und geistigen Macht der Kirche proklamierte.

Der Kardinal
Wir können den Offenbarungsglauben nicht per se als Gegensatz oder Ergänzung zur Summe und zum System des natürlichen Wissens in den Natur-, Geschichts- und Sozialwissenschaften oder zur Lebensklugheit aus der Alltagserfahrung machen. Aber es gilt auch, dass sich beide Erkenntnisbereiche nicht beziehungslos gegenüberstehen. Gnade und Glauben setzen die Natur und die Vernunft voraus. Wenn ich durch ein Fernglas weiter sehen kann als mit der natürlichen Sehkraft, sehe ich das Objekt doch durch meine Augen. Wenn ich also durch die Erleuchtung des Heiligen Geistes Gott im Wort seiner Offenbarung erkenne, erkenne ich doch durch das natürliche Erkenntnisvermögen meiner eigenen Vernunft. Doch es tritt auch der Wille hinzu, weil das innerste Wesen des Glaubens Liebe ist zu Gott über alles und zum Nächsten wie zu sich selbst. Und wenn ich Gott über alles liebe durch den Heiligen Geist, der in mein Herz eingegossen ist (Röm 5,5), liebe ich doch mit der natürlichen Intentionalität meines Willens und seiner Sehnsucht nach Einheit mit dem Geliebten. Natürliche und übernatürliche Gotteserkenntnis schließen also die Selbsterkenntnis und die Erkenntnis der Strukturen der natürlichen Welt nicht aus, sondern können sich wechselseitig bedingen und fördern und steigern. Denn Gott kann von uns an und für sich nicht erkannt werden, sondern nur durch die Welt als ihr Schöpfer (Röm 1,20) und durch das Gewissen als unser Richter (Röm 2,14–16); und schließlich durch die menschlichen Worte Christi als Medium des göttlichen Wortes, das Gott selbst ist (Joh 1,1–3).

Denn im Bewusstsein der erkennenden und glaubenden Menschen kommen subjektiv beide Dimensionen zusammen, so dass er ihren Unterschied in Bezug auf die verschiedenen Quellen, Prinzipien und Methoden reflektieren muss. Aber er muss auch in der Lage sein, eine spannungsfreie Synthese in seiner geistigen Konzeption von Gott, Welt und Mensch aufzubauen. Und das ist eine Aufgabe, die die Theologie in jeder Epoche immer neu erfüllen muss.

Nicht die Ergebnisse und die neuen Methoden der aufblühenden Naturwissenschaften, die historische Kritik der Bibel und der Kirchen- und Weltgeschichte stehen im Gegensatz zur Offenbarungstheologie, sondern ihre Reduktion auf ein einziges metaphysisches Prinzip. Aus der Erkenntnis des ontologischen Status des menschlichen Geistes folgt nicht notwendig der Rationalismus und Idealismus mit der Annahme des minderen Status der Materie. Umgekehrt folgt aus der empirischen Beobachtung der Materie als Voraussetzung aller menschlichen Erkenntnis nicht der Empirismus und Sensualismus, der den Geist als Epiphänomen der Materie entwertet. Aus der Tatsache, dass die menschliche Erkenntnis immer an die Sinne gebunden ist, ergibt sich nicht, dass sie nicht darüber hinaus reicht. Die begrenzte Reichweite der menschlichen Vernunft besagt nicht notwendig die Unmöglichkeit einer übernatürlichen Offenbarung, weil Gott sich durch sinnlich-geistige Medien dem Volk Israel geoffenbart und in Christus das Wort Gottes zu den Aposteln „Worte des ewigen Lebens" (Joh 6,68) gesprochen hat.

Ich kann gewiss nicht mit einem Sprung das andere Ufer des Flusses im Abstand von 100 Metern erreichen. Aber wenn jemand den Willen hat, mich zu retten und die Macht besitzt, eine Brücke von dem unerreichbaren Jenseits zu mir herüber zu bauen, werde ich gerettet und erreiche durch dessen Zuneigung das rettende Ufer.

Die voll berechtigte Kritik der kirchenkritischen Aufklärungsphilosophen – die darin aber kein Monopol beanspruchen können – an der absolutistischen Monarchie und am Feudalsystem, an den unmenschlichen Strafen der Justiz, der verständnisarmen Pädagogik, der Stagnation des wissenschaftlichen und technischen Fortschritts steht den Prinzipien des Person-Begriffs und der Mit-Verantwortung aller am gesellschaftlichen, politischen und kulturellen Leben keineswegs entgegen. Ein differenzierter Blick auf die soziokulturellen Zustände im vorrevolutionären Frankreich tut gut in der kontroversen Diskussion der Leistungen und Grenzen der damaligen Philosophie.

Trotz großer Leistungen im Bereich historischer Ausgaben der wichtigsten patristischen Quellen und der Kirchengeschichte gab es im Frankreich der Aufklärung keine adäquate theologische Auseinandersetzung mit den neuen Erkenntnissen und Methoden der Naturwissenschaft, der gesellschaftlichen und wirtschaftlichen Entwicklung, die an Weitsicht und intellektueller Kraft mit den schöpferischen Synthesen von Philosophie und den Wissenschaften in der Patristik und Scholastik mithalten könnten. In Frankreich waren die religiösen Energien im blutigen Kampf der Konfessionen verbraucht. Das Christentum als Religion der Liebe zu Gott und zum Nächsten erschien durch all die Scheußlichkeiten der Hugenottenkriege im Grund kompromittiert. Die christlichen Konfessionen, die ihren unbedingten Wahrheitsspruch nicht mit Geist und Liebe, sondern mit brachialer Gewalt und mit Hilfe des Staates durchsetzen wollten, haben selbst die Glaubwürdigkeit der Kirche unterminiert. Der übernatürliche Glaube, den wir nur mit der Hilfe des Geistes haben können, wird durch die Glaubwürdigkeit der sichtbaren Kirche in ihren Zeugen und Lehrern gefördert oder verdunkelt.

Innerkatholisch war auch die Auseinandersetzung um den Jansenismus, der Kampf gegen den Jesuitenorden und die massive Unterordnung der katholischen Glaubens unter die Staatsraison (König, Kronkardinäle, Parlements etc.) für die wahre Sendung der Kirche kontraproduktiv. Wenn der Klerus seine Existenzberechtigung im gesellschaftlichen Rang als erster der drei Stände im Königreich Frankreich und im Erwerben von Pfründen aus königlicher Gunst sah und nicht in der Verkündigung des Evangeliums und der pastoralen Sorge um das Heil der Seelen, dann stand jedem Gutmeinenden und noch mehr den Feinden der Widerspruch klar vor Augen.

Im politischen Gallikanismus und katholischen Staatskirchentum (etwa dem Josephinismus in Österreich) wurde die äußere Institution der Kirche für die Staatsraison instrumentalisiert (ius circa sacra). In der Zeit des aufgeklärten Absolutismus versuchte die staatliche Autorität im Josephinismus und Febronianismus sogar in die Glaubenslehre und Liturgie einzugreifen (ius in sacra).

Der französische Kulturtheoretiker

Im Zuge der französischen Revolution entstanden die Parteien als politisch-ideologische Machtgruppen mit tendenziell totalitärem Machtanspruch (Girondisten, Jakobiner). Im Zug des Fortschrittsglaubens und der ausschließlich innerweltlichen Bestimmung des Ziels und Zwecks der Menschheitsgeschichte und im Blick auf die Ideale des absoluten Neuanfangs nach dem Sturz des Ancien Régime (von Kirche und Königtum, Klerus und Adel) spalteten sich das Geistesleben und die Gesellschaft in weltanschauliche Parteien, die aber als ihr Ziel die ganze Macht über die Herzen und das Leben der Menschen beanspruchen. Die einen geben sich zufrieden mit dem bisher Erreichten und die anderen sehen die Gegenwart nur als Übergang zum eigentlichen Ziel. So bilden sich die Formationen von konservativen und fortschrittlichen (liberalen, sozialistischen) Richtungen, die jeweils die andere Seite als reaktionär oder revolutionär (anarchistisch) abqualifiziert.

Selbst in den rechtsstaatlichen Demokratien, die die grundlegenden Menschenrechte anerkennen und keinen totalitären Anspruch auf die Religion und das moralische Gewissen der Bürger erheben, zeichnen sich in der Sitzordnung der frei gewählten

Parlamente (rechts, links und in der Mitte) gewisse Reste einer ideologischen Trennung der Gesellschaft ab.

Diese ideologische Überfremdung von Geist und Moral ist das Ergebnis des Verzichtes auf die Transzendenz von Vernunft und Freiheit des Menschen. Wenn nämlich die endliche Vernunft des Menschen sich selbst Ursprung, Maß und Ziel ist, dann entscheidet am Ende nur die Macht von Führungsfiguren oder Parteien über die Richtung, in der alle sich zu bewegen haben. Die Befreiung von ideologischer Bevormundung schlägt dialektisch um in die ideologische Bevormundung der Befreiten. Die Kirche muss der gegenwärtigen Menschheit Hilfestellung geben, die ideologischen Widersprüche und die totalitären Tendenzen der Ideologien mit ihren Selbsterlösungsprogrammen zu überwinden. Was für Ungeheuer sind aus diesem Sumpf aufgestiegen. Ich denke nur an Robespierre mit seinem Adlaten Saint Just, dem Vorsitzenden des Wohlfahrtsausschuss, dem Comité de salut public und dem Chefankläger Fouquier de Tinville oder auch an eine Canaille wie Fouché, die tausende unschuldige Menschen dem Henker übermittelt haben. Alle totalitären Systeme bringen solche Verbrechercliquen hervor. Ein Hitler war von Himmler und Heydrich flankiert und fand in Freisler beim Volksgerichtshof den willigen Justizmörder. In der Sowjetunion Stalins starben auch die blutigsten Schergen des NKGB von Jeschow bis Berija, die Millionen Menschenleben auf dem Gewissen haben, selbst den Tod von Henkershand. Spricht nicht das Schwarzbuch des Kommunismus von 100 Millionen Menschen, die wegen dieser Ideologie gewaltsam zu Tode gekommen sind?

Die Geschichte des Humanismus ohne Gott ist das Narrativ seiner historischen und damit empirischen Selbstwiderlegung. Mag sein, dass Robespierre seinen Meister Rousseau nur falsch versstanden hat und dass Lenin und Stalin lediglich Epigonen vom Marx und Engels waren, oder dass Hitler sich aus Nietzsche nur herausholte, was ihm passte. Aber jeder Denker ist nicht nur für seine guten Absichten, sondern auch für die praktischen Folgen seiner Theorie verantwortlich. Der Glaube an eine fortschreitende Humanisierung der Welt ohne eine Sittlichkeit, die sich einer überweltlichen Macht verdankt, hat seine Unschuld verloren.

Das Terroristische in den politischen Ideologien ist keineswegs nur eine unvermeidliche Begleiterscheinung der Revolutionen mit ein paar bedauerlichen Kollateralschäden, die mit den „Errungenschaften des Sozialismus" und den „großen Sprüngen nach vorne" am Ende gerechtfertigt werden könnten. Die ideologische Verfälschung der wahren Aufgabe der Politik hat im nationalistischen Imperialismus und liberal-kapitalistischen Kolonialismus ganze Erdteile ausgebeutet und unterjocht. Faschismus und Kommunismus mit zwei Weltkriegen und Völkermorden jenseits aller Vorstellung folgten. Und die Konfrontation zwischen dem Westen und den sozialistischen Regimen führte die Welt hart an den Abgrund des atomaren Selbstmordes der ganzen Menschheit. Jeder Krieg ist Brudermord. Kein Terror kann sich auf Gott berufen. Das Wesen der Ideologie ist Selbsterlösung und ihre Wurzel ist der Atheismus.

Der katholische Journalist
Seit der französischen Revolution mit der Folge der ideologischen Spaltung der abendländischen Gesellschaften steht auch die katholische Kirche und Theologie immer vor der Alternative, sich an den konservativen oder liberalen Flügel anzuschließen, sich irgendwo zu positionieren zwischen de Maistre und Loisy, Lefebvre und Küng, der Action française und den Christen für den Sozialismus. Das bewirkt nach innen die Auflösung der Einheit im geoffenbarten Glauben. Es entstehen die liberale und konservative Richtung oder wie man auch immer dieses Schema variiert: links-rechts, progressiv-reaktionär, dialogisch-dogmatisch, weltoffen oder Hardliner etc. etc.

Das Glaubensbekenntnis, in dem die Kirche auf die Offenbarung antwortet und sie so als definiertes Glaubensbekenntnis in der Welt gegenwärtig macht, wird durch ideologische Vorentscheidungen überlagert oder von ihnen sogar ersetzt. In die brüderliche Gemeinschaft der Kirche, die in der gemeinsamen Teilhabe an der Gnade und der einen Hoffnung auf das ewige Leben gründet, kehrt ein parteiliches Freund-Feind-Denken ein. Damit ist unweigerlich verbunden die Bedenkenlosigkeit der Mittel im Spiel um die Macht der Deutung des Glaubens und der Besetzung der einflussreichen Posten.

Die Kirche kämpft nicht mehr den „guten Kampf des Glaubens" (1Tim 6,12), indem sie jeden Menschen überzeugen will von Jesus Christus, dem Retter der Welt. Man kämpft jetzt gegeneinander, um den anderen von seiner Sicht auf die Welt zu überzeugen und sie ihm notfalls auch mit Gewalt aufzudrängen. Bei der gegenwärtigen heillosen Zerstrittenheit hat man den Eindruck, dass das unsittliche Prinzip „der Zweck heiligt die Mittel" auch in der Kirche das Gesetz des Handelns diktiert.

Der Verlust der Einheit im Glauben zieht zwangsläufig die Entsolidarisierung der Gläubigen nach sich. Zur Durchsetzung seiner Ziele verbündet man sich sogar mit antiklerikalen Gruppen. Und man meint der Einheit der Kirche zu dienen, wenn die eigne Fraktion das Ganze dominiert und wenn man die anderen, die Konservativen oder Progressisten, ausgeschaltet und zum Schweigen gebracht hat.

Der Höhepunkt der Entsolidarisierung in der Kirche ist erreicht, wenn die „Gruppe von St. Gallen" sich schamlos rühmt, „einen der ihren" im Konklave durchgebracht zu haben, der den angeblichen Reformstau abbaut. Der Begriff der Reform hat in der katholischen Kirche einen guten Klang, weil im Blick auf die Gregorianische Reform, die Klosterreformen von Hirsau und Cluny, der Heiligen Thesia von Avila und des Heiligen Johannes vom Kreuz, der Tridentinischen Reform u. a. es immer um den

Kampf gegen die Verweltlichung der Kirche ging. Eine tiefere Orientierung an Christus und den Idealen der Kirche des Anfangs war Impuls und Kriterium der Erneuerung. Unter dem Einfluss der Ideologie der Selbsterlösung des Menschen, der sich selbst an Stelle von Gott Ursprung, Maß und Ziel ist, hat sich der Sinn von Kirchenreform verschoben auf eine Anpassung an die Welt. Nicht die „Konformität mit Christus" sondern der „Konformismus mit der Welt" ist der Bedeutungsinhalt des Begriffs „Kirchenreform" geworden. Das Ziel dieser Reformen ist das Überleben der Kirche als Institution und Pfründe und nicht die Erneuerung im Geiste Christi, damit die Kirche als „allumfassendes Sakrament des Heils der Welt" (Lumen gentium 48) das Leben Gottes allen Menschen vermittelt.

Der Kardinal
Derjenige, der nicht an die Existenz des personalen Gottes glaubt im Sinne der Offenbarung, ist gewiss nicht automatisch a-moralisch. Wir haben schon immer eine natürliche Ethik anerkannt. Das ergibt sich aus der katholischen Lehre von den Folgen der Ursünde und den persönlichen, sozialen und materiellen Auswirkungen der Erbsünde. Trotz des Verlustes der übernatürlichen Gnaden- und Lebensgemeinschaft mit Gott bleibt eine gewisse Fähigkeit, das Wahre zu erkennen und das Gute zu tun und die Erkenntnis der sittlichen Verantwortung vor einer höheren Instanz. Das ist der fundamentale Unterschied zwischen der katholischen und der protestantischen Anthropologie, die sich auswirkt bis in die Auffassung vom Umfang und Tiefgang der Erlösung.

Die Leugnung der Erbsünde bei Jean Jaques Rousseau und bei seinen jakobinischen Jüngern liegt nicht im Begriff der gesunden Natur, in der der Mensch geschaffen wurde, die aber mit dem Übergang vom Natur- zum Kulturwesen durch die gesellschaftlichen Verhältnisses verdorben worden sei. Im Übrigen steht am

Anfang der Geschichte nicht ein Gesellschaftsvertrag. Bevor die Menschen als juristische Vertragspartner sich gegenübertreten und zum einem Vertragsabschluss kommen, sind sie doch schon durch natürliche Bande miteinander verknüpft. Sie sind einander Mann und Frau, Eltern und Kinder, Großeltern, Brüder und Schwestern, Verwandte, Alterskameraden und Freunde. Die gesellschaftliche und politische Organisation ist für den Menschen da und nicht umgekehrt. Die Soziologie kann nicht die Leitwissenschaft sein, sondern nur die philosophische und theologische Anthropologie. Das Bewusstsein der Solidarität und der Verantwortung füreinander, kurz die Liebe, bildet die Menschheit als Schicksals-Gemeinschaft – schon lange bevor auf einer sekundären Ebene der Zweck-Verband des Staates organisiert wird. Im Idealfall tragen hier wie da alle entsprechend ihrer Talente gemeinsam die Verantwortung für das Ganze.

Die Sünde kommt aus dem freien Willen und nicht aus den Mängeln der leiblichen Natur und sozialen Entwicklung des Menschen. Nie gibt es die geistig-leibliche Natur, die nicht von der Person in Verantwortung vor den Mitpersonen und vor dem Schöpfer und Vater im Himmel getragen würde. Der Mensch als Person ist für das Gute und Schlechte, das er tut, eigenverantwortlich. Das ist seine sittliche Autonomie, dass er nicht der Spielball eines schicksalhaften Scheiterns, seiner angeborenen Schwäche ist. Autonomie heißt gerade nicht, machen können, was ich will, was mir behagt und nützt, sondern in der Lage zu sein, das Gute um des Guten willen zu wollen.

Der entscheidende Unterschied zwischen der christlichen Anthropologie und dem naturalistischen Menschenbildern der Neuzeit inklusive des Marxismus besteht in der Erkenntnis, dass der Mensch Person ist. Er ist eine ontologisch und ethisch unteilbare Einheit, und nicht etwa nur das Ensemble seiner Impressionen, der gesellschaftlichen Verhältnisse und seiner unbewussten seelischen Erlebnisse. Der Mensch unter der Macht der Erbsünde und seiner persönlichen Sünden hat nicht seine ursprüngliche Natur verloren, sondern er kann sie nicht mehr so gebrauchen, dass sie der Intention seiner Person auf die Wahrheit und Liebe dient. Es ist wie mit dem Lahmen am Teich von Betesda an den fünf Säulenhallen. Er schleppte sich zum Wasser, das gesund macht. Aber er schaffte es nie. Immer sind vor ihm schon andere da, die in gesundmachende Wasser steigen. In diesem Moment spricht ihn Jesus an, das göttliche Wort der Wahrheit und der Liebe: „Steh auf, nimm deine Bahre und geh." (Joh 5,8) Und sogleich wurde die verwundete Natur gesund. Und er geht frei und im Frieden des Herzens umher.

Gemeinsam sagen die katholische und die reformatorische Theologie, dass der in sich integrale und perfekte Zustand des Menschen am Anfang seiner Geschichte durch den freien Willen desintegriert wurde. Er kann sich weder selber neu erschaffen oder mit seinen eigenen Kräften erlösen. Er bleibt gefangen in all den bösen Folgen für sein Selbstverständnis und die Beziehung zur materiellen Welt und zur sozialen Mitwelt. Aber die Gnade und Liebe Gottes in Christus erlöst, erhebt und befreit den Menschen und gibt ihm eine neue Identität in der Gemeinschaft mit Gott und den Mitmenschen.

Anders als in den liberalen und sozialistischen Anthropologien seit der Aufklärung ist er nicht das Ensemble seiner biologischen und gesellschaftlichen Existenzbedingungen, sondern Person. Weder ist die Gesellschaft an allem schuld, noch kann ihn die beste Gesellschaft erlösen. Die Bedingungen versklaven im Stand der Gnade den Menschen nicht mehr, indem sie ihn zum Spielball einer blinden Evolution des Lebendigen machen oder ihn als Exemplar einer gesellschaftlichen Klasse ent-personalisieren. In ihrer gottebenbildlichen Würde weiß die Person, dass die positiven und negativen Bedingungen ihrer geschichtlichen Existenz nur Medien sind, ihrer höchsten Selbstverwirklichung in der Liebe, die „niemals aufhört" (1Kor 13,8), zu entsprechen. Die Liebe vollendet den Menschen in Gott, der in seinem Wesen und Leben „Liebe ist" (1Joh 4,8.16).

Wer sagt, „gut ist, was mir, meinem Volk oder meiner Klasse nützt", kann keine Ethik der Verantwortung entwickeln. Moral ist immer universal, weil alle Menschen ihrer Natur nach gleich und mit dem Schicksal der ganzen Menschheit verknüpft sind. Ein radikaler Atheismus à la Lenin, Stalin, Hitler und ihrer Tausenden von Spießgesellen war kein Betriebsunfall in der Geschichte des Atheismus und schon gar nicht kann man sie des Widerspruchs zu den eigenen Prinzipien bezichtigen. Deshalb kann man nicht auf Kreuzzüge, Inquisition, Renaissance-Päpste in christlich geprägten Ländern zeigen, weil es sich nicht um echte Parallelen handelt. Es kommt darauf an, ob man aus den eigenen Grundsätzen die Folgerungen zieht, die ihnen entsprechen oder widersprechen. Letztlich kommt es in der geistigen Auseinandersetzung auf das Menschenbild an.

Der Journalist
Darf ich zitieren aus dem Buch von Gerd Koenen, Die Farbe Rot. Ursprünge und Geschichte des Kommunismus" (München 2017, S. 821), das ich gerade hier auf Ihrem Lesetisch sehe?

Inmitten des Bürgerkriegs zwischen den Roten Armee und den Weißen Garden mit Millionen von Toten schrieb Lenin in einem Brief vom 19. März 1922: „Jetzt, und nur jetzt bei all den ausgehungerten, sich von Menschenfleisch ernährenden Leuten und den mit Hunderten, Tausenden von Leichen übersäten Straßen … ist der Augenblick, die Priester der Schwarzen Hundert (gemeint sind: Konterrevolutionäre; Präfaschisten) niederzumachen, und zwar mit einer solchen Entschiedenheit, Erbarmungslosigkeit und Brutalität, dass sie sich noch jahrzehntelang dran erinnern werden." Und das waren die Opfer: „allein im Jahr 1922 wurden knapp 2700 Weltpriester, knapp 2000 Mönche und 3500 Nonnen ‚liquidiert'."

Man hat eigentlich nie gehört, dass sich die geistigen Nach-fahren der Jakobiner, der liberalen Kulturkämpfer, der Nazis und Marxisten, der Freimaurer in Mexiko und Spanien jemals bei der Kirche entschuldigt hätten für die Untaten ihrer Ikonen des Kampfes gegen den „Obskurantismus der Religion", die sie für „Opium des Volkes" halten. Wahrscheinlich wähnen sie sich durch das Schlagwort gerechtfertigt: Keine Toleranz für die Into-leranz des Offenbarungsglaubens. „Die Intoleranz – sie gehört zu den Kulten, die wir ausgeschlossen haben" – wie Rousseau im „Gesellschaftsvertrag" meinte. Wesentlich anders meinte es Karl Popper in seinem Buch „Die offene Gesellschaft und ihre Feinde" (1945), als er das Prinzip der Toleranz nicht auf die ausdehnen wollte, die damit die Grundlagen des demokratischen Staates mit der Anerkennung der Religionsfreiheit zerstören wollen. Es ist auch das Menschenrecht, dass ein Bürger überzeugt ist, dass Gott sich als Wahrheit und Leben in Jesus Christus geoffenbart hat. Denn diese Glaubensüberzeugung erfordert die freie Zustim-mung des Menschen und kann und will nicht mit Hilfe der Zwangsmittel des Staates den Bürgern gegen ihre Überzeugung aufgedrängt werden.

Die eigentlichen Inhalte der Offenbarung lassen sich nicht außerhalb des Glaubens begründen, sonst würden sie zu natürli-chen Wahrheiten der Vernunft herabsinken. Sie können nur im Licht des Heiligen Geistes und gemäß der freien Zustimmung des Willens in ihrem Wahrheitsgehalt sich zeigen und dem Glau-benden vernünftig erschließen. Sie sind weder aus der Vernunft rationalistisch ableitbar noch widerlegbar. Aber die Transzendenz-fähigkeit des Menschen, seine grundlegende Offenheit auf das Wort einer möglichen Selbstoffenbarung Gottes hin kann weder apodiktisch noch hypothetisch mit Hilfe der Vernunft aus-geschlossen werden, wie es der Empirismus und Kritizismus wol-len. Auch die gesellschaftliche Umsetzung einer transzendent-of-fenen oder immanentistisch-begrenzten Erkenntnistheorie und

Metaphysik darf nicht von Staats wegen weder jemandem zum Glauben und zur religiösen Praxis zwingen noch ihn vom Glauben und seinen Äußerungen in Kult, Lebensform und gesellschaftlichem Engagement beeinträchtigen. Der Staat und das öffentliche Leben müssen weltanschaulich neutral sein gegenüber den religiösen oder agnostischen Bürgern und ihren Vereinigungen. Der Staat hat denselben Abstand zu wahren und soll ihre gesellschaftlichen Beiträge fördern.

Die Basis, auf der alle stehen, muss die Anerkennung der grundlegenden, in der Natur der Vernunft und des freien Willens begründeten allgemeinen Menschenrechte sein. Das spöttische Überlegenheitsgefühl der Ungläubigen über die Gläubigen, deren Denkzwänge sie zu durchschauen meinen, während sie über einen unmittelbaren Zugang zur unverstellten Wirklichkeit verfügen, ist mit Toleranz nicht zu vereinbaren. Denn die Triebfeder der Toleranz ist der Respekt vor dem andern.

Ich weiß, mit welchem Tremolo immer wieder der 80. Satz des Syllabus (1864) von antiklerikalen und kirchlich-progressistischen Autoren intoniert wird: „Der Römische Bischof kann und soll sich mit dem Fortschritt, mit dem Liberalismus und der modernen Kultur versöhnen und anfreunden", den Papst Pius IX. zurückgewiesen hatte. Doch was steht hinter den klingenden Parolen?

Der Papst und die Kirche stehen gar nicht vor der Notwendigkeit einer Aussöhnung mit dem Fortschritt in der Wissenschaft und Technik, der Medizin, dem Programm einer Gesellschaft nach den Prinzipien der sozialen Gerechtigkeit, des Völkerfriedens, weil die Weltverantwortung des Glaubens sich aus der Erkenntnis der Gottebenbildlichkeit und unantastbaren Würde des Menschen ergibt. Sogar unabhängig vom Glauben spricht das natürliche Sittengesetz im Gewissen auch der Nicht-Gläubigen das Machtwort, dass das Gute zu tun und das Böse zu unterlassen ist (Röm 2,14). Ursprünglich bedeutet „liberal" im lateinischen Wortsinn „freigiebig und großzügig", so dass Thomas von Aquin sagen konnte, dass Gott im höchsten Sinn liberal ist in der Freigebigkeit seiner Gnade – maxime liberalis Deus.

„Aus Bedürftigkeit handeln kommt nur einem unvollkommen Wirkenden zu, welches drauf angelegt ist, zu wirken und zu empfangen. Das kommt Gott nicht zu. Und darum ist Er allein im höchsten Sinne freigebig-liberal, denn er handelt nicht um Seines Nutzens willen, sondern allein um seiner Gutheit willen." (S.th. I q.44 a.4 ad 1) Jeder Christ ist liberal in Sinn der Aufforderung Jesu: „Gratis habt ihr empfangen, gratis sollt ihr geben" (Mt 10,8). Und er meinte „liberal" sicher nicht in dem ideologischen Sinn der Ablehnung einer übernatürlichen Offenbarung, sondern gerade der Dankbarkeit gegenüber der Zuwendung Gottes zu uns in Wahrheit und Liebe. Das Sein gibt Sinn, wenn der Mensch in seinem Dasein auch daran nur teilhat, und es nicht wie Gott selbst in seinem Wesen sein kann. Daraus folgt aber die Einsicht in den Sinn von Sein. In diesem Licht erkennt der Mensch, dass er „Sein zum Leben", und nicht „Sein zum Tode" ist. „Gott hat den Menschen zur Unvergänglichkeit erschaffen, und ihn zum Bild seines eigenen Wesens gemacht." (Weish 2,23) Alle Versuche, den Ursprung der Religion aus der Entfremdung von sich selbst, als Utopie und Wunschdenken soziologisch oder tiefenpsychologisch entlarven, und für ihre „Macht über die Seelen" den „Priesterbetrug und Aberglauben" verantwortlich zu machen, sind nur kindisches Spiel nach der einzigen Regel: Es darf nicht sein, was nicht sein soll. In der Religionskritik ist die Aufklärung infantil geblieben.

Statt den Papst zur Versöhnung mit der Moderne aufzufordern, versuche es einmal andersherum. Die Aufklärung entkommt nur dann dem dialektischen Umschlag der Emanzipation von Gott in die totale Herrschaft des Menschen über den Menschen, wenn sie sich in einem Humanismus mit Gott versöhnen lässt. Nur der Sohn ist wirklich frei (Gal 4,7). Weil wir in Christus

Söhne und Töchter Gottes sind, nehmen wir uns untereinander an als Brüder und Schwestern. Die Ideale „Gleichheit, Freiheit, Brüderlichkeit" haben ohne ihre transzendente Verankerung keinen eindeutigen Sinn. Sie sind Gabe und Auftrag für andere und nicht Schlachtruf gegen andere, sonst bauen sie nicht auf und bewirken ihr Gegenteil. Das Problem der „Allgemeinen Erklärung der Menschenrechte" von 1789 liegt in ihrem Begründungsdefizit, das von kirchlicher Seite zuerst angemahnt wurde, besonders beim 3. Artikel, wonach der Ursprung aller Souveränität beim Volke liegt. Das kann sich nur auf staatliche Institutionen erstrecken und nicht auch auf die angeborenen Menschenrechte, die Religions- und Vereinigungsfreiheit, und so auch nicht die Kirche umfassen, die nach dem Glauben ihrer Mitglieder eine Stiftung Gottes ist.

Die Revolution brachte in Frankreich nicht das Ende des Gallikanismus, sondern die extremste Form des Staatskirchentums, wenn die Priester und Bischöfe Angestellte des Staates sind und im Namen des Staats-Volkes, die Kirche – das Volk Gottes – lehren, leiten und heiligen. Wenn später die Päpste und besonders auch das Zweite Vatikaische Konzil die Religionsfreiheit und die allgemeinen Menschenrechte gegenüber totalitären Staaten verteidigt haben, so war dies kein spätes Zugeständnis an Demokratie und Rechtsstaat, sondern geschah mit einer tieferen anthropologischen Reflexion bei Wahrung des grundsätzlichen Unterschied zwischen dem Recht der staatlichen Ordnung des Gemeinwohls und der kirchlichen Auffassung von der göttlichen Berufung des Menschen und der Begründung der Freiheit seines Glaubens und des Gewissens im Bezug zu Gott und nicht zu einem fiktiven „höchsten Wesen". Das tat die „Nationalversammlung bei der Erklärung der Menschen- und Bürgerrechte" am 26. August 1789.

Der Standardvorwurf, der die Kirche der Vormodernität überführen soll, lautet in ermüdender Wiederholung, sie baue auf

Autorität, Tradition und Dogma. Von dieser selbstverschuldeten Unmündigkeit müsse sich der Mensch lossagen, indem er sich seines eigenen Verstandes ohne Leitung eines andern bediene. „Der Wahlspruch der Aufklärung: Habe Mut, dich deines eigenen Verstandes zu bedienen"[9] habe die Nebel des kirchlichen Aberglaubens zerstoben. Und mit der unwidersprechlichen Autorität Kants im Rücken hält sich jeder arrogante Spötter für einen mutigen Selbstdenker.

Das Dogma in der katholischen Theologie bedeutet weder ein mathematisches Axiom noch eine apodiktische Behauptung der rationalistischen Philosophie ohne empirische Verifikation, sondern bezeichnet die Gewissheit der Erkenntnis einer geoffenbarten Wahrheit. Die Tradition im eigentlichen Sinn ist die gegenüber der Heiligen Schrift andere Form der Vermittlung des Wortes Gottes im Christus-Ereignis. Und die Autorität des kirchlichen Lehramtes ist nicht der Grund des Glaubensgehorsames gegenüber Gott, sondern nur die Form seiner von Zeugen, den Aposteln, verbürgten Vermittlung.

Denn der kapitalistische oder sozialistische Materialist, der tragische und heroische Nihilist, der naive Fortschrittler, der seine Leiche einfrieren lässt in der Hoffnung, die Wissenschaft könne ihn dereinst zum ewigen Erdenleben auftauen, haben nur schlechte Antworten auf die tiefsten Fragen, die nicht die äußeren Bedingungen, sondern die reale Existenz des Menschen angehen: Was ist der Mensch? Was ist der Sinn des Schmerzes, des Bösen, des Todes – alles Dinge, die trotz solchen (innerweltlichen) Fortschritts noch immer bestehen? Wozu diese Siege, wenn sie so teuer erkauft werden mussten? Was kann der Mensch der Gesellschaft geben, was von ihr erwarten? Was kommt nach dem irdischen Leben? (vgl. Gaudium et spes 10).

Man mag Gründe haben, die Antwort der christlichen Glaubensgemeinde nicht nachvollziehen; sie aber als irrational oder illusionär abtun kann keiner, wenn die Kirche ihr Dasein nicht mit einem Machtanspruch begründet, sondern mit dem Auftrag des Zeugnisses von Jesus, dem Sohn Gottes und Retter der Welt. „Die Kirche aber glaubt: Christus, der für alle starb und auferstand, schenkt dem Menschen Licht und Kraft durch seinen Geist, damit er seiner höchsten Berufung nachkommen kann; denn es ist kein anderer Name den Menschen unter dem Himmel gegeben, in dem sie gerettet werden können." (GS 10)

Der Kardinal
Ich sehe gerade meine Newman-Ausgabe und erinnere mich an seine weichenstellende Unterscheidung zwischen liberalem und dogmatischem Denken. Ich meine seine Biglietto-Rede anlässlich seiner Erhebung zum Kardinal (1879).

Dort hat John Henry Newman den Unterschied zwischen der „liberalen" Ablehnung der übernatürlichen Offenbarung seitens des Naturalismus der Aufklärung, die als Erkenntniskriterium nur die empirisch-materielle Verifikation gelten lässt, und ihrer „dogmatischen" Annahme als Wahrheit so erklärt: „Liberalismus in der Religion ist die Lehre, dass es in der Religion keine positive Wahrheit gibt, sondern dass ein Bekenntnis so gut ist wie das andere ... Geoffenbarte Religion ist keine Wahrheit, sondern eine Sache des Gefühls und des Geschmacks, sie ist kein objektives Faktum ..." Das im Glauben begründete Denken (ratio fide illustrata) anerkennt die Tatsache der geschichtlichen Selbstmitteilung Gottes in Jesus Christus als Wahrheit und Leben. Und im Unterschied zu einem pantheistischen Wahrnehmen eines göttlichen Urgrunds der Welt in all ihren Erscheinungen oder dem postulatorischen Theismus, der Gott zu einer Hypothese zur Begründung der physischen Welt oder zu einem moralischen Postulat macht, gibt uns das Fleisch gewordene Wort in der Lehre Christi und der Kirche eine vernünftige und klare Kenntnis über das Ziel des Menschen im Heilsplan Gottes. Die unendliche Perfektibilität des Menschen kann nicht in der fortschreitenden

Verbesserung der materiellen und sozialen Lebensbedingungen liegen oder der Verfeinerung der Kultur liegen. Der Mensch strebt nach Vollkommenheit in der Erkenntnis der ersten und innersten Prinzipien des Seins und des moralischen Handelns um des Guten willen (Aristoteles, Met. 982b). Die Erkenntnis Gottes als Wahrheit und Leben ist der Zweck und das Ziel der geistigen und moralischen Existenz des Menschen. „Das ist das ewige Leben, dass sie dich, den einigen und wahren Gott, erkennen und den, den du gesandt hast." (Joh 17,3)

Vergänglich ist das zerbrechliche Glück auf Erden, unvergänglich das Glück der Liebe Gottes. Es kann nicht unvernünftig sein, dass die Vernunft nach der Erkenntnis der höchsten Wahrheit strebt und dass sie das Prinzip ihrer eigenen Intellektibität reflektiert. Nur wenn man die Bedingungen der mit der sinnlichen Erfahrung beginnenden geistigen Erkenntnis (intellectus possibilis) zu ihrem Kriterium und zur Grenze ihrer Reichweite erklärt, statt sie als ihr Medium der Vermittlung zur Einsicht in den realen Grund der Existenz der Seienden zu begreifen (intellectus agens), muss der vernünftige Rückschluss auf den Urheber und Vermittler des Seins (actus esendi) und damit aus dem Seienden, dessen Sein sein Denken und Leben ist, grundlos erscheinen. Eine Vernunft, die über die Voraussetzung ihres Vollzugs in der Selbsttranszendenz des Geistes und damit ihre wesenhaften Verwiesenheit auf das Geheimnis Gottes nicht aufgeklärt ist, kann der Gotteserkenntnis der natürlichen Vernunft die Rationalität nicht absprechen. In der Polemik und Agitation gegen die Rationalität des christlichen Glaubens oder auch der philosophischen Theologie, die Metaphysik, entgeht man seit dem 18. Jahrhundert selten dem naturalistischen Fehlschluss. Wenn man apriori die Existenz Gottes und die transzendentale Verwiesenheit des Geistes leugnet, hat man leichtes Spiel, den Glauben als falsches Bewusstsein zu entlarven, denn er „ist nichts anders als …".

Und so stellte sich Feuerbach in der Einleitung zu seiner Schrift „Das Wesen des Christentums" (1841) die Aufgabe, „nachzuweisen, dass der Gegensatz des Göttlichen und Menschlichen ein durchaus illusorischer ist, dass folglich auch der Gegenstand und Inhalt der christlichen Religion ein durchaus menschlicher ist. Die Religion, wenigstens die christliche, ist das Verhalten des Menschen zu sich selbst ... aber das Verhalten zu seinem Wesen als zu einem anderen Wesen. Das göttliche Wesen ist nichts anders als das menschliche Wesen ... alle Bestimmungen des göttlichen Wesens sind darum menschliche Bestimmungen" (Frankfurt 1976, 32). Und nach diesem Schema lassen sich alle Mysterien des Christentums als Projektionen auf ein imaginäres Jenseits erklären und als Entfremdungen des Menschen von sich selbst denunzieren. Für Karl Marx „endet die Kritik der Religion mit der Lehre, dass der Mensch das höchste Wesen für den Menschen sei, also mit dem kategorischen Imperativ, alle Verhältnisse umzuwerfen, in denen der Mensch ein geknechtetes, ein verlassenes, ein verächtliches Wesen ist."[10]

Bei dieser radikalen atheistischen Anthropologie gibt es keinen Kompromiss mit einer Kirche, die aus ihrem Menschenbild eine katholische Soziallehre ableitet. Diese ist ja noch kritischer gegenüber dem Kapitalismus als der Marxismus, weil diese beiden Opponenten im Materialismus und dem Gedanken vom Menschen als seines eigenen Schöpfers und Erlösers die gleichen Eltern haben. Kein Apfel fällt weit vom Stamm. Lenin und Stalin haben Marx sehr gut verstanden, als sie die Ausrottung der Religion als Dienst an der Menschheit verherrlichten. Der Humanismus ohne Gott ist immer inhuman, weil sich seine Protagonisten notwendig als Herren über Leben und Tod ihrer Gläubigen wie ihrer Widersacher aufführen müssen. So allerlei humanistische Unionen und Vereine militanter Atheisten überbieten sich wechselseitig in üblem Selbstlob bei der Diffamierung der Menschen, die an Gott glauben, als dumm, rückständig, abhängig. Ausgrenzung Andersdenkender ist ihr Markenzeichen. Unter geistiger Souveränität und der Gelassenheit der Vernunft stellt man sich etwas anders vor.

Französischer Kulturtheoretiker
Die politische Dialektik zwischen revolutionären und reaktionären Ideologien, konservativen und fortschrittlichen Parteien, linken und rechten Flügeln in den Parlamenten und den ideologischen Gegensätzen im Geistesleben, schlägt sich auch in der Entwicklung von Kirche und Theologie nieder. Es folgen Phasen der Restauration und der Reformen, des Stillstands und des Aufbruchs. Dies alles ist oft verbunden mit der Nähe des einen kirchlichen Flügels zu politischen und ideologischen Konstellationen, deren Machtlogik sie sich unterordnen. Die Kirche ist aber im geoffenbarten Glauben vereint. Sie beansprucht nur moralischen Einfluss, um die Politik und Kultur im Hinblick auf das Gemeinwohl zu orientieren und prophetisch die Stimme zu erheben für die Wahrung der Menschenrechte und die soziale Gerechtigkeit.

In Frankreich haben wir nach der Revolution immer das Schwanken zwischen der Restauration und der Anpassung an die Liberalen gehabt. Von der großen Krise des Modernismus will ich gar nicht reden, die mir erst durch das Zweite Vatikanische Konzil überwunden erscheint. Aber vielleicht ist sie auch nur oberflächlich überdeckt. Wenn ich auf die Konzilsrezeption schaue, sehe ich die Extreme im Traditionalismus und auf der anderen Seite die Progressiven, die über das Konzil hinaus wollen. Die einen sehen es als Verrat des katholischen Glaubens und der Liturgie. Die andern werfen ihm vor, auf dem halben Weg der Aussöhnung mit der Moderne stehen geblieben zu sein.

Aber ein ökumenisches Konzil ist die Versammlung der universalen Kirche im Heiligen Geist, die die einmal für allemal ergangene Selbstoffenbarung Gottes in Christus als Wahrheit und Leben des Menschen in Lehre und Leben der Heilsgemeinde zu wahren hat und das Glaubens-Verständnis aktualisieren muss. Wer hier die politischen Kategorien von Restauration und Revolution ins Spiel bringt, zeigt nur dass, sein Glaube zu einer Ideologie verkommen ist. Wenn das Zweite Vatikanische Konzil berechtige Anliegen der protestantischen Theologie in ökumenischem Geist aufgreift, hat das nichts mit einem Nachholen der Reformation auf katholischem Boden zu tun, ebenso wenig wie die positive Bewertung förderlicher Entwicklungen in Wissenschaft und Technik, der Rechtskultur und der Demokratie eine Unterwerfung ihres Offenbarungsverständnisses unter den Naturalismus der Aufklärung bedeutet.

Der Kardinal

Auch ich bin besorgt über den Weg der Kirche, aber nicht weniger auch um die Menschen von heute und morgen. Wir haben nicht eine Krise der Kirche und des Glaubens, der auf der anderen Seite die heile, schöne neue Welt gegenübersteht. Mag man in der Theorie von dem heutigen Menschen reden, der auch ohne Gott glücklich und zufrieden ist, so sagt die Praxis das Gegenteil. Wie viele junge Menschen fragen sich in allem Ernst, was der Sinn des Lebens ist. Von den Eltern alles geschenkt zu bekommen, was man will, ist das eine, die persönliche Zuwendung das andere. Mag man sich der Befreiung von den Fesseln kirchlicher Sexualmoral rühmen, so bleibt doch das Elend des Eros ohne Liebe. Das polarisierende Denken und Agitieren in der Kirche ist selbst das Problem, das zu überwinden ist.

Synthetisches Denken und synodales Handeln ist der Weg aus der Krise. Glaube ist das Gegenteil von Ideologie. Er vereint uns im Wort und Geist Gottes. Die Ideologie kann nicht anders, als den begrenzten Standpunkt ihres Erfinders dem Rest der Menschheit mit Gewalt und Propaganda aufzuzwingen. Der Glaube überzeugt – die Ideologie überrumpelt.

Aber ich versuche nicht die Lösung in einem dritten Weg zwischen den Lagern. Die Aufgabe ist vielmehr, das Lagerdenken zu überwinden.

Denn die Treue zum Glauben der Kirche und der Dienst an den Menschen von heute ist keine Alternative, für die wir uns zu entscheiden hätten. Sie bilden in sich selbst schon eine Synthese. Dafür brauchen wir nur genau die Dogmatische Konstitution des Zweiten Vatikanischen Konzils über die göttliche Offenbarung „Dei Verbum" zu studieren. Nach dem Grundsatz, dass die Gnade die Natur voraussetzt und der Glaube nicht der Gegensatz, sondern die Vollendung der Vernunft in der Erkenntnis der Wahrheit ist, fällt der von der Aufklärung hochgespielte Widerspruch von Naturalismus und Supranaturalismus in sich zusammen. In der Pastoralkonstitution über die Kirche in der Welt von heute „Gaudium et spes" werden nicht nur die Prinzipien des Kirche-Welt-Verhältnisses herausgestellt, sondern auch die positiven Entwicklungen und Gefahren der Gesellschaftsentwicklung seit der Aufklärung reflektiert. Dadurch werden die Blockaden der Ideologien aufgelöst. Der ideologischen Lagerbildung in der Kirche, die ihre Einheit untergräbt, wird der Boden entzogen. Versuchen wir es mit einem vertieften Studium des Konzils.

Die Pastoralkonstitution über die Kirche in der Welt von heute *Gaudium et spes* bedeutet keineswegs eine Kapitulation der Kirche vor der Moderne. Es ist auch nicht ein naiver Optimismus, der sich von den Utopien des innerweltlichen Fortschrittsglaubens einfangen lässt. Aber es wird überzeugend eine Synthese zwischen der übernatürlichen Offenbarung und einer positiven Entfaltung aller natürlichen Fähigkeiten des Menschen in der Schöpfung entwickelt.

Maßgebend ist das Urprinzip katholischer Theologie: Die Gnade setzt die Natur voraus, reinigt, entfaltet und vollendet sie – *gratia praesupponit naturam*.

Wir erkennen die Autonomie der irdischen Wirklichkeiten und damit auch die Errungenschaften der neuern Entwicklung in Wissenschaft, Technik, in rechtsstaatlich-demokratischen Gesellschaftsordnungen und eine humanen Justiz nicht notgedrungen an, sondern weil sie der Eigenwirklichkeit, der Eigentätigkeit und Eigenwertigkeit des Geschöpflichen entsprechen (GS 36). Aus dem Erschaffensein des Menschen nach Gottes Bild und Gleichnis folgen die Würde der Vernunft, die Ausrichtung des Geistes auf die Wahrheit und des freien Willens auf das Gute (GS 15). Dabei vergisst das Konzil nicht die destruktive Gewalt der Erbsünde und der persönlichen Sünden der Menschen. Die Ursünde am transzendentalen Anfang der geschichtlichen Existenz der Menschheit, der den empirischen Anfang in der Zeit übergreift, entspringt nicht einer mangelhaften Ausstattung seiner Natur oder einem primitiven Geisteszustand in mythischer Wirrnis, sondern dem Willen. Darin konstituiert die Person ihr Verhältnis zum transzendenten Gott und dabei auch kategorial zu sich selbst, zu den Mitmenschen und zur Welt. Das bedeutet auch, dass die Menschheit eine Schicksalsgemeinschaft im Guten wie im Bösen darstellt. Dies betrifft das umfassende Verhältnis zu Gott als Ursprung und Ziel allen Seins und auch das Verhältnis der Menschen zueinander in Ehe, Familie, Stamm, Volk, Weltgeschichte. Die personale Freiheit oder die sittlich-geistige Autonomie des individuellen Menschen verwirklicht sich durch die Bedingungen seiner Leiblichkeit, Sozialität, Materialität. Dies geschieht so, dass er selbst und die Gemeinschaft mit ihm aufgebaut werden oder dass sie sich wechselseitig behindern und am Ende zerstören. Die symbolisch-exemplarische Erzählung von Kain und Abel (Gen 4) rechtfertigt keineswegs das sozialdarwinistische Prinzip vom Recht des Stärkeren. Da wir alle aus dem einen und uns einigenden Schöpferwillen Gottes hervorgehen und darum Gott zum Vater haben, sind wir untereinander Brüder und Schwestern.

Ewig lange, bevor es im 18. Jahrhundert französische Auf-
klärer entdeckten, hatte der Schöpfer schon die Eigenschaften
und Relationen von Gleichheit, Freiheit und Brüderlichkeit in
die geistige und soziale Natur des Menschen eingeschrieben.
Alle Formen von Gewalt (= violentia, nicht potestas), Unterdrückung, Ausbeutung, Terror und Krieg, sind nichts anders als
Brudermord. Und jeder Terrorist, der sich für seine Verbrechen
gegen die Menschlichkeit auf Gott, den Schöpfer aller Dinge,
beruft, wird von Gott selbst zur Rechenschaft gezogen. Denn
Schöpfung bedeutet nicht bloß das hergestellte Produkt eines
Handwerkers. In der Schöpfung erstrahlt die Heiligkeit und
Herrlichkeit Gottes, weil alles Geschaffene Ausdruck und Teilhabe an der Gutheit Gottes ist. Und der Mensch zeichnet sich
dadurch aus, dass er mit seinem freien Willen im Guten der
Schöpfung den guten Gott erkennt und verehrt oder auch ihn
negieren kann. Alles Böse, das getan wird, richtet sich gegen
Gott und ist deshalb nicht nur ein Versagen und Scheitern, sondern Sünde, für die wir vor Gottes Gericht gestellt werden.
Gott allein richtet uns und ist Herr über Leben und Tod. Selbst
dem Mörder Kain „machte der Herr ein Mal, damit ihn keiner
erschlage, der ihn finde" (Gen 4,15). Das bedeutet, dass Gott es
sich vorbehält, die Menschen wegen ihrer Sünden zur Rechenschaft zu ziehen. Der moderne Staat garantiert die Rechtsord-
nung, darf aber nicht das Recht über Leben und Tod von Straf-
tätern beanspruchen.

Die Erlösung in Christus bewirkt aufgrund der neuen Lebensgemeinschaft mit Gott auch die neue Geschöpflichkeit der
Getauften. Aus der umfassenden Orientierung an Gott als
Ursprung und Ziel, als Wahrheit und Heil des Menschen folgt
innerlich notwendig die Verantwortung des Christen für alle
Lebensbereiche. Was hier sozial-ethisch ausgeführt ist, wird in
der Gnadentheologie so formuliert, dass die guten Werke notwendig sind, um das Ziel des Heilswegs zu erlangen: die volle

Lebensgemeinschaft mit Gott, die in Glaube und Taufe begonnen hat, und die immer von der Gnade begleitet war.

Der Kulturtheoretiker

Wir müssen wieder bei dem alten Thema der praeambula fidei ansetzen. Ich darf ein gerade in Italienisch erschienenes Buch von Marmann resümieren, eine Doktorarbeit, die bei Joseph Ratzinger geschrieben wurde. Ich zitiere:

„Das Dasein Gottes und alle anderen Wahrheiten, die wir gemäß Röm 1,19 von Gott erkennen können, sind nicht Artikel des Glaubens, sondern der praeambula fidei. Der Glaube setzt nämlich die natürliche Erkenntnis in gleicher Weise voraus, wie die Gnade die Natur und die Vollkommenheit ein Wesen voraussetzt, das vollkommen werden kann – sic enim fides praesupponit cognitionem naturalem, sicut gratia naturam, et ut perfectio perfectibile (S.th. I q.2 a.1 ad 1)."[11] Oder anders formuliert: Gratuita praesupponunt naturalia, si proprotionabiliter utraque accipiantur (verit. q.27 a.6 ad 3).

Mit diesem berühmten Satz zu Beginn der Summa theologiae brachte der Heilige Thomas von Aquin das Real- und Erkenntnisprinzip des katholischen Glaubensdenkens auf den Begriff. Die natürliche Erkenntnisfähigkeit der menschlichen Vernunft bildet die Voraussetzung einer Erkenntnis Gottes, der sich in seinem Wort und Geist mitteilt und zu erkennen gibt. Und wenn zur geistigen Natur des Menschen nicht der freie Wille käme, könnte das Ergebnis der Zuwendung göttlicher Gnade nicht die Einheit von Gott und Mensch in der Liebe sein. Der Mensch verdankt sich in seinem Dasein mit seinen geistig-sittlichen Anlagen ganz Gott, der causa prima et universalis. Aber Gott hat den Menschen so geschaffen, dass er nicht ein Akzidens einer höheren Substanz ist oder der Modus und eine Erscheinungsweise Gottes (Spinoza). Sein freier Wille ist auch nicht ein leeres Wort, so dass der Mensch wie ein willenloses Tier, der Esel, der blind dem Befehl seines göttlichen oder teuflischen Reiters gehorcht, wie es Luther gegen Erasmus in seiner Schrift De servo arbitrio (1525) bildlich ausdrückte. Er ist von Gott als Geschöpf so konstituiert, dass seine Seinsteilhabe ihn zu sich selbst vermittelt. Er hat eine Eigenwirklichkeit. Darum kann er auch zum Partner Gottes werden im Bund einer Beziehung von göttlichem Ich und dem menschlichen Ich (des Getauften) und Wir (der Kirche). In seinem Eigensein kommt ihm kraft seiner geistigen und sittlichen Urteilskraft auch eine Eigentätigkeit als Selbstursächlichkeit zu – causa sui ipsius in movendo et iudicando est et liberii iudicii de agendo et non agendo (verit. q.24 a.1). Der Mensch als Vernunftwesen kennt das Ziel seiner Handlungen und muss ihnen entsprechend die Mittel dazu wählen und moralisch abwägen.

Die reformatorischen Formal- und Materialprinzipien (solus Christus, sola fide et gratia, sola scriptura) erfassen das Gott-Menschverhältnis dialektisch als eine Widerspruchs-Einheit auf. Die katholische Theologie geht von einer analogen Vermittlung aus, so dass Vernunft und Glaube, Natur und Gnade, menschliche Empfänglichkeit und göttliche Gabe eher als Synthese gedacht werden, die in der Annahme der menschlichen Natur durch das göttliche Wort ihr tragendes Fundament hat. Die Analogia entis ist die Voraussetzung der Analogia fidei. Daraus ergibt sich das katholische et-et; aber mit der unumkehrbaren Reihenfolge: Christus *und* die Kirche, Glaube *und* Vernunft, Gnade *und* Sakramente, Gottesliebe *und* Nächstenliebe (gute Werke). In seiner Enzyklika „Fides et ratio" (1998) entfaltete Papst Johannes Paul II. umfassend dieses Grundprinzip des katholischen Glaubens.

Es geht um die Einheit Gottes in seiner Zuwendung zum Menschen in der Schöpfung und Erlösung, in der Heilsgeschichte und der endgültigen Vollendung. Und es geht um die Würde des Menschen, der sich nicht vor Gott autark verschließt oder sich seiner bemächtigt, sondern der berufen ist zur „Freiheit und Herrlichkeit der Kinder Gottes" (Röm 8,21). Nur so kann die

katholische Theologie zu einer differenzierten Antwort kommen
auf die Herausforderungen der reformatorischen Gnadentheologie, des Naturalismus der Aufklärung („etsi Deus non daretur")
und der Religionskritik (Gott als gefährliche oder nützliche Illusion), ohne den entgegengesetzten Extremen zu verfallen: nämlich der Selbsterlösung eines Humanismus ohne Gott oder des
positivistischen Supranaturalismus, in dem die Offenbarung einen
willkürlichen Zusatz bildet zu einer in sich selbst vollendungsunfähigen „reinen Natur" (Zwei-Stockwerksdenken).

Der Kardinal

Das Zweite Vatikanische Konzil hat mit der Pastoralkonstitution
über die Kirche in der Welt von heute *Gaudium et spes* eine Standortbestimmung von Kirche und Evangelium in der Welt, einer
„Autonomie der irdischen Wirklichkeiten" (GS 36) vorgenommen. Die Theozentrik des Glaubenden und seine volle Verantwortung für die Welt als der Schöpfung Gottes schließen sich nicht aus
wie Alternativen. Sie sind in Christus, dem Gott-Menschen, aufeinander bezogen, so dass sich „das Geheimnis des Menschen nur
im Geheimnis des Fleisch gewordenen Wortes tatsächlich aufklärt" (GS 22). In der Offenbarung hat Gott, der Schöpfer, Erlöser
und Vollender, sich dem Menschen mitgeteilt als dessen Ursprung
und Ziel. Der Mensch ist kein Torso, sondern in der Einheit seiner
Person und Natur ein Bild und Gleichnis der Vollkommenheit
Gottes (perfectio formae). Aber er findet sein ihn vollendendes
Ziel (perfectio finis) in der übernatürlichen Gemeinschaft mit
dem dreifaltigen Gott, der im Menschen wohnt, nämlich in der
visio beatifica und der communio sanctorum. Weil der Mensch
Person ist, kann er nur in der geglückten personalen Relation zu
Gott und den geschaffenen Personen (Engel und Menschen) sein
Heil und seine Vollendung finden. Eine geistige Natur überschreitet sich immer auf die Wahrheit und trägt in sich das Verlangen
nach dem Guten, das Gott in sich selbst ist. Wie oft schon wurde

in den Predigten das Wort des Heiligen Augustinus am Anfang seiner Confessiones zitiert: „Groß bist du, Herr, und hoch zu preisen, und groß ist die Macht und deine Weisheit unermesslich ... und preisen will dich der Mensch, ein kümmerlicher Abriss deiner Schöpfung. Du selber reizest uns an, dass dich zu preisen Freude ist, denn geschaffen hast du uns hin zu dir, und ruhelos ist unser Herz, bis es Ruhe findet in dir – Tu excitas, ut laudare te delectat, quia fecisti nos ad te et inquietum est cor nostrum, donec requiescat in te." (Conf. I, 1)

Das Eigensein und die Selbstursächlichkeit des Menschen als Person, die zur Freiheit und Selbsttranszendenz auf den Schöpfer und Vollender hin ausgerichtet ist, steht der Gnade nicht im Weg, sondern bildet den Grund ihres Ankommens beim Menschen und des Angenommenseins durch ihn. Das ist aber schon immer das Thema der katholischen Theologie. Die Offenbarungsgeschichte ist in Christus, dem Sohn Gottes, zur geschichtlichen Fülle gekommen und zur definitiven Gegenwart geworden. Der auferstandene Herr verheißt der Kirche: „Siehe, *ich bin* bei euch, alle Tage bis zum Ende der Zeiten" (Mt 28,20). Er ist der Sohn Gottes, der einst selbst seinen Namen dem Mose geoffenbart hat für alle Zeiten: „Ich bin der ich bin" (Ex 3,14).

Der gesamte Glaube der Kirche ist Ausdruck und Vermittlung seiner Vernünftigkeit und Erkennbarkeit im Logos, dem verbum incarnatum. Das Denken des Glaubens, der intellectus fidei, gründet im Hören des Glaubens, in dem der Mensch Gott im Glauben frei anerkennt und ihn mit Hilfe der Vernunft erkennt als Urheber der Natur und Vollender des Menschen in der Gnade. Gott bleibt als Mysterium für die endliche Vernunft des Theologen unauschöpfbar, aber auch nicht fremd, denn er ist in sein Eigentum gekommen. ER vermittelt den Kindern Gottes das Licht der Wahrheit und die Fülle Seiner Gnade (Joh 1,9.18).

Somit ist die katholische Theologiegeschichte nicht die Abfolge der geschlossenen Systeme isolierter Denker, sondern ein zusammenhängendes, sich bereicherndes und korrigierendes, fortschreitendes und wachsendes Gesamt-Verstehen des einen Mysteriums in seiner Ganzheit und im Gefüge seiner einzelnen Glieder, der Artikel des Credo (nexus mysteriorum), wie es das Zweite Vatikanische Konzil in der Dogmatischen Konstitution über die Göttliche Offenbarung *Dei verbum* beschreibt (DV 8). Es geht um eine fortschreitende Aneignung der Offenbarung in der Artikulation des gläubigen Denkens. Auch mit dem Entstehen der wissenschaftlichen Theologie in der Scholastik fällt die Patristik keineswegs in die Rolle einer bloßen Vorgeschichte zurück, sondern bleibt ihr dauernd gegenwärtig als Zeugin der ursprünglichen apostolischen Überlieferung.

So kann auch Augustinus nie durch Thomas oder einen gegenwärtigen Theologen überwunden werden. Vielmehr soll jeder Christ und Theologe sowohl bei den „existentiellen" als auch bei den „spekulativen" Theologen in die Schule gehen und von allen etwas lernen über die Unerschöpflichkeit der Mysterien Gottes in Wahrheit und Liebe. Die großen Einsichten des Glaubens, die uns die Kirchenväter geschenkt haben, bleiben gültig. Doch der qualitative Sprung besteht bei Thomas darin, dass er die Grenzen der platonischen und neuplatonischen Einkleidung ihres Denkens mit Hilfe des aristotelischen Seins- und Erkenntnisrealismus überwindet. Indem er rückhaltlos die geschaffenen Realitäten in ihrem Da-Sein und So-Sein (Natur) ernst nimmt, wird der Gläubige nicht von Gott und der Erlösung weggeführt, sondern gerade zur volleren Erkenntnis und Liebe Gottes in seinen Werken der Natur und Gnade hingeführt. Erst so kann der latente Manichäismus, der in allen Häresien vorhanden ist, überwunden werden. Weder ist die Materie und die Leiblichkeit des Menschen der Grund und Anlass der Sünde, noch darf man die Sünde durch die Vorstellung einer absoluten Verderbtheit des Menschen derart übertreiben, dass man am Ende die Sünde in Gott hineindenkt. Irgendwie würde Gott zum Verursacher der

Sünde, der sie zulässt oder trotz seiner Güte nicht verhindert. Auch im neuplatonischen Stufenbau des geschaffenen Seins kommt es leicht zu einer Vermengung der geschaffenen Endlichkeit mit der moralischen Unvollkommenheit und sogar der Sünde. Die Erlösung besteht aber nicht in einer Nachbesserung eines unvollkommenen Schöpfungsaktes, sondern in der Befreiung des Willens aus seiner Selbstverschlossenheit, damit er sein Ziel erreicht in der Liebe zu Gott über alles und zum Nächsten wie zu sich selbst. Gott ist in sich gut und alles, was er geschaffen hat, ist Ausdruck und Partizipation seiner Güte. Nicht unserer Endlichkeit haftet etwas Sündiges und Gottwidriges an, sondern die Sünde kommt aus der Entscheidung des freien Willes gegen Gott und das Gute.

Die Gnade setzt die Natur voraus. Im Hinblick auf die Erlösung zerstört sie diese nicht, sondern heilt und erhebt sie zur Gotteskindschaft des Menschen, „geschaffen nach dem Bild Gottes in wahrer Gerechtigkeit und Heiligkeit" (Eph 4,24).

Der Journalist
Ich darf noch einmal zurückkommen auf das Buch von Hans Joas im Suhrkamp-Verlag mit dem programmatischen Titel „Die Macht des Heiligen" (Berlin 2017). Er versucht damit nichts weniger als „eine Alternative zur Geschichte der Entzauberung". Bekanntlich geht der Begriff der Entzauberung auf Max Weber zurück, der damit das letztgültige Paradigma der Moderne gefunden zu haben meinte. Der Jahrtausende lange Prozess der Religionsgeschichte mündet nach Weber mit innerer Notwendigkeit in der Säkularisierung aller Lebensbereiche und des gesamten kulturellen Bewusstseins. Dadurch werde die Wahrheit aller religiösen Lehre und der Sinn von Kult und Ritual, in dem der Transzendenzbezug symbolisiert und repräsentiert wird, definitiv außer Kraft gesetzt.

Hans Joas will natürlich nicht hinter die Aufklärung des 18. und die Religionskritik des 19. Jahrhunderts zurückgehen, sondern über die unfruchtbare Antithese von Religion und Wissenschaft hinaus gelangen. Die Religion als Erfahrung des Heiligen und die Philosophie als Denken des Seins (mit seinen Transzendentalien des unum et verum, des bonum et pulchrum) widerstreiten aber keineswegs der erfahrungswissenschaftlichen Analyse der Struktur der materiellen Welt und des Menschen unter soziologischen und psychologischen Gesichtspunkten. Andererseits sind die empirischen Wissenschaften aufgrund ihrer methodischen Begrenzung nicht in der Lage, über den realen Grund des Transzendenzbezugs des Menschen Auskunft zu geben. Jenseits der unfruchtbaren Dialektik von Rationalismus und Empirismus in der neuen Philosophie hatte Blaise Pascal – mit dem jansenistischen Unterton einer Übertreibung der Folgen der Erbsünde – richtig auf die Verborgenheit und Anwesenheit Gottes es so gesagt: „Alles Wahrnehmbare zeigt weder völlige Abwesenheit noch eine offenbare Gegenwärtigkeit des Göttlichen, wohl aber die Gegenwart Gottes, der sich verbirgt. Alles trägt dieses Merkzeichen."[12] Und im folgenden Fragment der Pensées heißt es: „Es ist aber gleicherweise wahr, dass er sich vor ihnen verbirgt, die ihn versuchen, und sich denen enthüllt, die ihn suchen, weil die Menschen gleicherweise Gottes unwürdig wie Gottes fähig sind; unwürdig, weil sie verderbt sind, fähig auf Grund ihrer ersten Natur."[13]

Zweifellos bildet die religiöse Erfahrung der „Macht des Heiligen" eine anthropologische Konstante des Bewusstseins unserer Existenz in der Welt. Die Moderne ist im eigentlichen Sinn nicht durch die Säkularisierung als dem notwendigen Ziel einer Entzauberung der Welt charakterisiert, sondern eher durch die Alternative von authentischer Religion und ihrer Entfremdung in allerlei Ersatzformen von Religion mit dem Personen-Kult in den politischen Totalitarismen.

Der christliche Glaube setzt bekanntlich nicht bei einer allgemeinen Erfahrung des Heiligen ein, sondern bei der Selbstkundgabe Gottes als Person in seinem Wort, in dem er zu uns spricht. Jesus, das Fleisch gewordene Wort, das bei Gott war und Gott ist (Joh 1,1.3.14), betet: „Vater, ich habe deinen Namen den Menschen geoffenbart, die du mir aus der Welt gegeben hast. Heiliger Vater, bewahre sie in deinem Namen, den du mir gegeben hast, damit sie eins sind wie wir" (Joh 17,6.11). Der Gott Abrahams, Isaaks und Jakobs, der Vater Jesu Christi stellt keineswegs in kulturbedingter Weise eine Personifikation kosmischer Mächte dar wie in den polytheistischen Mythen und den das Göttliche unpersönlich denkenden Religionen. Er ist auch keine Spielart des philosophischen Theismus, der das Absolute als den höchsten Geist denkt.

Der Glaube ist vielmehr die Reaktion auf eine Initiative aus dem Raum des Heiligen, wenn und wann Gott sich selbst offenbart in seinem absolut heiligen Namen. Gott ist heilig, weil er sich als unverfügbar erweist. Aber in der Offenbarung seines Namens beginnt er auch eine Beziehung zu uns, so dass wir auf ihn bezogen sind und mit dem heiligen Gott in Gemeinschaft stehen. Gott ist heilig und er heiligt uns. Angesichts dieser Anrede durch Gott wird uns auch unsere eigene Würde bewusst. Wir erkennen uns reflexiv selbst als Person aufgrund der göttlichen Berufung. „Der Mensch ist auf Erden die einzige von Gott um ihrer selbst willen gewollte Kreatur." (GS 24)

Mose sieht in der Wüste die rätselhafte Erscheinung des brennenden und doch nicht verbrennenden Dornbuschs – ein Bild für die unverfügbare Macht des Sacrum, des heiligen Geheimnisses in und über der Welt. Gott selbst ruft ihn aus dem brennenden Dornbusch heraus bei seinem Namen an. Doch Mose reagiert nicht mit Entsetzen und dem Reflex der Flucht, sondern ohne Hochmut und Minderwertigkeitsgefühl mit der Präsentation seiner Person: „Hier bin ich" (Ex 3,4). Auf diesem heiligen Boden der Offenbarung teilt Gott ihm seinen Namen mit, indem er sich identifizierbar und ansprechbar macht als der Gott Abrahams, Isaaks und Jakobs. Jesus sagt später, dass dieser Gott der Verheißung nicht ein Gott der Toten, sondern der Lebenden ist (Mt 22,32). Der Gott der Väter ist für Israel der „Ich bin da" – allezeit und überall.

Also nicht Israel stellt sich das Heilige als seinen Gott personifiziert vor. Es ist vielmehr Gott, der auf die Not und die Klagen eines versklavten Volkes frei antwortet und aktiv auf es zugeht. Die Frage der Israeliten an Mose ist voll legitim: „Wie heißt er?"

Und Mose erzählt dem Volk nicht von seinen mystischen Erlebnissen, die gar nicht von allgemeinem Interesse sein können, sondern er erfüllt einen Auftrag und gibt ihnen die Auskunft. „Der ‚Ich-bin' hat mich zu euch gesandt." (Ex 3,14)

Hier zeigt sich auch die einzigartige Verbindung des Prädikates der Heiligkeit mit der Selbstoffenbarung Gottes als Person in Relation zum Volk seines Bundes. Religionsgeschichtlich bleibt sie analogielos und kann auch nicht aus den Begriffen des Heiligen oder Absoluten und All-Einen abgeleitet werden. In Zusammenfassung der gesamten Selbstoffenbarung des heiligen Gottes als Gnade und Leben für jeden, der glaubt, kann ein Wort aus dem Ersten Petrusbrief zitiert werden: „Setzt eure Hoffnung ganz auf die Gnade, die euch bei der Offenbarung Christi geschenkt wird … Wie er, der euch berufen hat, heilig ist, so soll auch euer ganzes Leben heilig werden. Denn es heißt in der Schrift: ‚Seid heilig, denn ich bin heilig' (Lev 19,2)." (1Petr 1,16)

Heimliche Blicke auf die Apple Watch signalisieren die Aufbruchsstimmung. Man bedankt und bestätigt sich wechselseitig

Der Kardinal
So jetzt haben wir den ganzen Morgen miteinander im Gespräch
verbracht. Aber es hat sich gelohnt. Ich muss mich aber jetzt vorbereiten auf eine Vortragsreihe an der KUL in Lublin. Es geht
nicht um die Kirche und ihre Zukunft, sondern um Gott als
unsere Zukunft. „Der Glaube an Gott im säkularen Zeitalter" ist
das Thema, das mich immer am meisten Beschäftigt. Ich will es
einmal als Buch veröffentlichen. Gott segne Sie meine Herren.

Anmerkungen

[1] Vgl. Henri de Lubac, Le Drame de l'Humanisme athée, Paris 1983; dt. Über
Gott hinaus. Tragödie des atheistischen Humanismus, Einsiedeln 1984.
[2] Georg Siegmund, Der Kampf um Gott. Zugleich eine Geschichte des
Atheismus, Buxheim/Allgäu 1976, 396
[3] Charles Taylor, Ein säkulares Zeitalter, Frankfurt a.M. 2009.
[4] Berlin 2017.
[5] München 2015.
[6] PhB 171a, 75.
[7] Vorlesungen zur Einführung in die Psychoanalyse (1917): S. Freud, Studien-
ausgabe I, hrsg. v. A. Mitscherlich, Frankfurt a.M. 2000, 283f.
[8] Karl Marx, Zur Kritik der Hegelschen Rechtsphilosophie. Die Frühschriften,
hg. v. S. Landshut, Stuttgart 1964, 208.
[9] I. Kant, Beantwortung der Frage: Was ist Aufklärung (1783). Immanuel
Kant. Werke in zehn Bänden 9, hrsg. v. W. Weichedel, Darmstadt 1968, 53.
[10] Zur Kritik der Hegelschen Rechtsphilosophie (1843/1844). Karl Marx, Die
Frühschriften, hg. v. S. Landshut, Stuttgart 1964, 216.
[11] Michael J. Marmann, Praeambula ad gratiam. Ideengeschichtliche Unter-
suchung über die Entstehung des Axioms ‚gratia praesupponit naturam',
Regensburg, Universität, Kath.-Theol. Fakultät, Dissertation 1974.
[12] Pensées VIII, frag. 556.
[13] Pensées VII, frag. 558.

Die Kirche im säkularen Zeitalter

Im römischen Studio der Internationalen Presseagentur. Der Kardinal trifft im Studio ein zum Pressegespräch mit kritischen Journalistinnen und Journalisten. Sein wichtigster Gesprächspartner ist der bekannte polnische Journalist Pawel Lisicki, mit dem er schon 2018 zusammen den Band herausgegeben hat: Christus jest zawsze nowoczensny – Christus ist immer modern (SpesMediaGroup, 266 S.). Geduldig lässt er sich zwei, drei Stunden befragen. Er denkt sich: „Was tut man nicht alles für die Kirche".

1. Frage: *Im säkularen Zeitalter scheint es nicht nur mit dem Glauben an Gott, sondern auch mit dem kirchlichen Leben bergab zu gehen. Eminenz, sehen Sie die Zeichen der Hoffnung für die katholische Kirche?*

Ich bin kein Politiker, der mit soziologischen und marktwirtschaftlichen Analysen sich Gedanken macht über die Chancen der Organisation, die er vertritt. In der lebensbedrohlichen Krise des Römischen Reiches während der Völkerwanderung und des Zusammenbruchs der altrömischen Kultur hat der Heilige Augustinus seine großartige Geschichtstheologie entwickelt und sie unter dem Titel „De civitate Dei" veröffentlicht. Dass Gottes Werk der Erlösung nicht scheitert, hängt nicht an weltlichen Faktoren und Machtkonstellationen, sondern an seiner Verheißung, dass die Pforten der Hölle die Kirche nicht überwältigen werden. Er hat Simon zum ersten der Apostel gemacht und ihn Petrus, der Fels, genannt. Und auf diesen Felsen hat der Herr seine Kirche bauen wollen. Aber nicht auf dem schwankenden Charakter dieses Mannes oder seiner Nachfolger auf seiner Cathedra in Rom ist die Kirche gebaut, sondern auf seinem Amt. Der Stabilität seines Auftrags gilt die Verheißung Christi. Auch bei einem sündigen Priester ist es doch Christus, der tauft. Und bei einem schlechten Papst ist es Christus, der unfehlbar durch ihn lehrt, wenn es um die definitive Auslegung der Offenbarung geht, die Gott seiner Kirche anvertraut hat.

Die Hoffnung ist eine theologische Tugend, die von Gott in unser Herz eingegossen wird. „Die Hoffnung lässt nicht zugrunde gehen, denn die Liebe Gottes ist ausgegossen in unsere Herzen durch den Heiligen Geist, der uns gegeben ist." (Röm 5,5) Zeichen der Hoffnung sehe ich in den Priestern und Laien, die den Glauben an Jesus Christus annehmen und bereit sind, mit ihm den Weg des Kreuzes zur Auferstehung zu gehen. „Glauben ist Feststehen in dem, was man erhofft, überzeugt sein von Dingen, die man nicht sieht." (Hebr 11,1) Die Hoffnung macht sich nicht fest an der Medienakzeptanz der Kirche, ihrer Brauchbarkeit für eine Zivilreligion, der Absicherung ihres institutionellen Bestandes durch Konkordate, sondern an „Jesus Christus, dem Urheber und Vollender unseres Glaubens, der von den Sündern solchen Widerstand gegen sich erduldet hat. Darum werdet ihr den Mut nicht verlieren." (Hebr 12,2f)

2. Frage: *Wie wird die Kirche der Zukunft im Westen aussehen? Eine Sammlung der kleinen Gemeinschaften im Meer der Ungläubigen oder doch eine Wiederbelebung des Christentums als einer kulturellen und sozialen Wirklichkeit?*

Das ist schwer zu sagen. Theologisch gesprochen sind wir immer eine „kleine Herde". Aber Christus hat uns aufgefordert, uns nicht zu fürchten vor den Gewalten und Mächtigen dieser Welt. Er sagt zu seinen Jüngern: „Denn euer Vater hat beschlossen, euch das Reich zu geben." (Lk 12,32) Wir wollen aber auch die Gesellschaften und die Völker zu ihrer inneren Berufung führen: das ist die Erkenntnis Christi als Heil der Welt.

3. Frage: *Welche Werte werden allgemein anerkannt, damit wir menschenwürdig miteinander leben, welche Grundsätze sollen bei der Erziehung gelten, was sind die Prinzipien des Völkerrechtes?*

Hier kann die Kirche Wesentliches sagen zur Humanisierung des Menschen. Vor allem aber will sie allen Menschen die Botschaft von ihrer Erlösung in Christus, dem Sohn Gottes, verkünden und ihnen die Möglichkeit eines Lebens in der Nachfolge Christi anbieten. Eine Gesellschaft ohne eine geistige Orientierung und eine ethische Grundlage ist zum Scheitern verurteilt. Ich kenne keinen einzigen Fall, wo eine rein säkulare Ethik erfolgreich war.

4. Frage: *Wie kann man die Worte des Papstes Franziskus verstehen dass auch innerhalb der Heiligen Dreifaltigkeit hinter verschlossenen Türen alle streiten, obwohl sie nach draußen das Bild der Einheit zeigen? Ist die innere Einheit des Dreifaltigen Gottes nur ein Anschein?*

Die Allerheiligste Dreifaltigkeit ist das tiefste Geheimnis unseres Glaubens. Außerhalb der Offenbarung haben wir keine Erkenntnis von ihr, „denn niemand weiß, wer der Sohn ist, nur der Vater, und niemand weiß, wer der Vater ist, nur der Sohn und der, dem es der Sohn offenbaren will." (Lk 10,22) Die drei göttlichen Personen sind nicht wie im menschlichen Bereich drei Persönlichkeiten, die miteinander harmonieren oder sich streiten. Die Einheit der drei göttlichen Personen ist keine moralische Gemeinsamkeit, die auch gestört werden kann, sondern die Einheit ihres Wesens als drei-faltige Liebe.

Wir glauben an den einen Gott. Und zwischen Vater, Sohn und Heiligem Geist gibt es nur den Gegensatz ihrer Beziehung zueinander. Der Sohn ist eins mit dem Vater. Und diese Einheit Gottes im Wesen und in der Liebe der göttlichen Personen soll zum Maß werden der Einheit der Jünger Jesu in der Gemeinschaft von Vater und Sohn in der Liebe. „Denn sie sollen eins sein, wie wir eins sind, ich in ihnen und du in mir. So sollen sie vollendet sein in der Einheit." (Joh 17,21ff.) Das Kennzeichen der Herrschaft des Teufels ist die innere Zerstrittenheit. „Wenn ein Reich, eine Familie in sich zerstritten ist … und wenn der Satan sich gegen sich selbst sich erhebt, kann er keinen Bestand haben." (Mk 3,26)

5. Frage: *Es gibt die Theologen, die sagen, dass auch Katholiken sich mehr für die Reinkarnation interessieren sollten. Ist es möglich, den Glauben an das Existieren der einzigen menschlichen Seele mit der Reinkarnation in Einklang zu bringen?*

Die Meinung, dass die menschliche Seele nach dem Tod sich immer wieder in einem neuen Leib materialisiert, ist mit dem katholischen Glauben absolut unvereinbar. Außerdem ist der Ausdruck „Reinkarnation" für eine Art von Seelenwanderung deplatziert. Der Mensch wird bei der Zeugung – metaphysisch gesprochen – aus dem Nichts geschaffen und besteht in seiner Identität in der Einheit von Seele und Leib. Es gibt nicht eine schon präexistente Seele, die von Körper zu Körper wandern könnte. Die Menschwerdung Gottes in Christus nennt man nach dem Johannes-Prolog (Joh 1,14) „die Inkarnation", die ein einmaliges Ereignis ist. Hier nimmt die Person des ewigen Sohnes des Vaters die menschliche Natur an, so dass Christus wahrer Gott und wahre Mensch ist. Seine individuelle menschliche Natur besteht aus dem Leib, dessen Formprinzip seine geistige Seele ist. Wir Christen glauben an die Einmaligkeit des individuellen Menschen in seiner geist-leiblichen Natur und an die Unwiederholbarkeit seiner Geschichte. „Es ist dem Menschen gesetzt, ein einziges Mal zu sterben, worauf dann das Gericht folgt …" (Hebr 9,27). Im Unterschied zu vorchristlichen Spekulationen über das Schicksal der Menschen nach dem Tod bekennt der christliche Glaube, dass – nach der Trennung der unsterblichen Seele von ihrem Leib im Tod – der Mensch mit Christus aufersteht zum ewigen Leben und zwar mit seiner Seele in ihrem wiederhergestellten und verherrlichten Leib. Denn der Mensch ist in Leib und Seele nicht nur eins, sondern *einer*: die individuelle Person in ihrer geist-leiblichen Natur.

6. Frage: *Manchmal könnte man den Eindruck haben, dass das, was der gegenwärtige Mensch die Barmherzigkeit nennt, gleich einer radikalen Nachsicht ist. Und dass umgekehrt die göttliche Gerechtigkeit nichts anders als eine Grausamkeit ist. Ist es nicht wahr, dass viele Menschen die Barmherzigkeit Gottes mit dem Recht auf strafloses Sündigen verwechseln?*

Ein geistig normaler Mensch weiß früher und heute, dass er sich für seine Taten vor einer höheren Instanz verantworten muss. Diejenigen, die sich frivol über ihr Gewissen hinwegsetzen, werden sich doch einmal dem Gericht über sie stellen müssen. Paulus spricht von den Heiden, denen das Gesetz der Unterscheidung von gut und böse ins Herz geschrieben ist, so wie auch den Juden, welche dieselben Gebote Gottes durch die Offenbarung kennen (vgl. Röm 2,15f).

Schlimm wird es erst, wenn in der Kirche Gottes Barmherzigkeit und Gerechtigkeit gegeneinander ausgespielt werden, um sich durch eine laxe Moral bei den Zeitgenossen einzuschmeicheln. Gottes Gerechtigkeit ist seine Barmherzigkeit, durch die er uns in das rechte Verhältnis zu seiner wesenhaften Gutheit setzt. Das bedeutet die Überwindung der Sünde, durch die wir uns selber zerstören und uns von Gottes Wahrheit und Güte entfernen. Die Strafe wird nicht äußerlich über uns verhängt, sondern sie folgt innerlich der bösen Tat auf dem Fuß. Wer grausam sich selbst und den Nächsten behandelt hat, der kann doch nicht Gott anklagen wegen des Fluchs der bösen Tat, die auf ihm lastet und in der Folge Umkehr, Buße und

Wiedergutmachung als eine furchtbare Zumutung von sich weisen! Wenn einer durch Ausbeutung reich geworden ist und das geraubte Geld zurückzahlen muss, dann darf er das Ende seines Luxuslebens nicht als Grausamkeit bezeichnen. Die Strafe ist die große Chance, innerlich wieder ein guter Mensch zu werden. Egoismus tötet, Liebe baut auf.

7. Frage: *In der alten Lehre der Kirche sprach man davon, dass „wer verwegen sündigt auf die göttliche Barmherzigkeit hoffend" ist der Sünde gegen den Heiligen Geist schuldig. Stimmt das noch jetzt? Aber die Theologen sprechen heute, dass Gott mich immer akzeptiere und dass er mich liebe so wie ich bin.*

Es gibt keine alte Lehre der Kirche, die irgendwelche Theologen durch eine neue austauschen könnten. Der Abfall vom Glauben ist das Gegenteil von seiner klugen Auslegung für die Menschen, mit denen wir in der gleichen Epoche und Kultur leben. Wo steht es denn, dass Gott mich so liebt wie ich bin? Dieser „liebe Großvater im Sessel", von dem hier die Rede ist, ist nicht der Gott Abrahams, Isaaks, Jakobs und der Vater Jesu Christi. Man könnte eher an das Spiegelbild denken, in das der Narziss hineinschaute, bevor er ins Wasser gefallen ist. „Alle haben gesündigt und die Herrlichkeit Gottes verloren." (Röm 3,23) Wir können uns nicht rechtfertigen vor Gott, wenn wir „Unzucht betreiben, den Götzen dienen, die Ehe brechen, Knaben schänden, rauben, stehlen, morden …" (1Kor 6,10) und gar noch Anspruch auf das Reich Gottes und seine Gnade erheben. Auf Gottes Barmherzigkeit hin zu sündigen, heißt doch nichts anders als Gott zu verspotten, indem man ihm vorhält, nichts anders als nur verzeihen zu können. Gott liebt uns in dem Guten, das wir in unserer geschaffenen Natur sind und mit den Talenten und Möglichkeiten unserer Persönlichkeit tun. So leben wir aus der Gnade der Vergebung und Erhebung zur Gottesfreundschaft, die wir in Christus von ihm empfangen haben. Mehr Dankbarkeit als Selbstmitleid täte uns allen gut.

8. Frage: *Nach Benedikt XVI. haben wir seit den 50er Jahren des 20. Jahrhunderts mit einer „tiefen Evolution des Dogmas" (im Gespräch mit Jacques Servais), was die Erlösung der Nichtkatholiken betrifft, zu tun. Was heißt denn „die Evolution des Dogmas"? Das Erste Vatikanische Konzil stellte doch fest „Daher muss bezüglich der heiligen Dogmen für immer jener Sinn festgehalten werden, den die heilige Mutter Kirche einmal erklärt hat, und niemals darf von diesem Sinn, auch nicht unter dem Anschein und im Namen eines tieferen Verständnisses, abgewichen werden." (DH 3020)*

In Jesus Christus hat sich Gott in der „Fülle der Zeit" (Gal 4,4) selbst offenbart als Wahrheit und Leben jedes Menschen. Darum kann es keine neue Offenbarung über Christus hinaus mehr geben. Der Sohn Gottes ist schließlich der Logos, der bei Gott war und ist. In ihm und durch ihn ist alles geworden und alles, wodurch wir Gott erkennen. Die Fülle aller Weisheit und des Lebens wird im Wort erkannt, das Fleisch geworden ist. (Joh 1,14) Die vielen einzelnen Lehren und „Worte des ewigen Lebens" (Joh 6,68), die Jesus als Mensch im Vokabularium, der Syntax und der Grammatik menschlicher Sprache und der Artikulation des endlichen Geistes in der Pluralität seiner Ideen und Begriffe im Nacheinander von Raum und Zeit entfaltet hat, sind in dem einen un-geschaffenen Wort, das er in seiner göttlichen Natur ist (Joh 1,1), zusammengefasst und gehen aus ihm hervor. Das eine göttliche Wort spricht sich in den vielen menschlichen Worten Jesu aus und vereint das Erkennen der Menschen mit der Vernunft Gottes, in der er sich im Logos und Pneuma selber erkennt und liebt.

Die Wahrheit Gottes ist für uns unerschöpflich. Und gemeint ist das Geheimnis Gottes nicht nur vor seiner Offenbarung, so wie wir Gott in seiner ewigen Macht und Gottheit durch die Werke seiner Schöpfung erkennen, also in seinem Dasein als Schöpfer der Welt, ohne ihn in seinem Wesen erfassen zu können. Auch nach der Offenbarung und ihrer vollen Gegenwart im Fleisch gewordenen Wort und in dem „über alles Fleisch ausgegossenen Heiligen Geist" (Apg 2,17) vermögen wir Gott nicht wie einen Gegenstand unserer natürlichen, empirisch gebundenen Erkenntnis zu erfassen (d. h. seine notwendige Existenz empirisch zu beweisen oder zu widerlegen). Er bleibt ein Geheimnis, freilich nicht der Dunkelheit, sondern der Überfülle des Lichtes. Nur durch die Menschheit Jesu und ihre Gegenwart in der Kirche und den Sakramenten haben wir Anteil an der Wahrheit und am Leben Gottes in Jesus Christus.

Um Rede und Antwort (apo-logia) zu stehen wegen des „Logos der Hoffnung, die in uns ist" (1Petr 3,15), muss auch der Glaube reflektiert werden. Wir haben kein positivistisches Offenbarungsverständnis. Das Wort Gottes wurde nicht im Himmel auf Hebräisch oder Arabisch einem Engel diktiert, der es einem erwählten Propheten zur mechanischen Wiedergabe anvertraut hätte. Gott begegnet uns im Leben und der Verkündigung des Sohnes Gottes als das Wort, das Fleisch geworden ist. Wenn das Wort Gottes in Jesus menschliche Gestalt angenommen hat, muss auch seine Aneignung in der Glaubensgemeinschaft der Kirche eine Geschichte des Dogmas, d. h. seiner sprachlich, geschichtlich und sozial vermittelten, aber in sich definitiven Erkenntnis haben. Aber hier wird nicht immer Neues erkannt, sondern das unüberholbar Neue, das Verbum incarnatum, wird von uns im Laufe der Kirchen- und Dogmengeschichte in seiner unüberbietbaren Neuheit immer tiefer in seinem ganzen Reichtum erkannt, begriffen und vermittelt.

Christus hat das Zeugnis seines Heilswirkens den Aposteln anvertraut. Und darum dankt der Apostel Paulus den Thessalonichern, dass sie sein menschliches Wort der Verkündigung nicht als bloßes Menschenwort über Gott, sondern als Gottes Wort im Menschenwort angenommen haben. (1Thess 2,13). Der Glaube an den göttlichen Logos ist schon in sich selbst intelligibel. Keineswegs dürfen wir ihn auf blindes Vertrauen reduzieren. Er ist Wagnis der Selbsthingabe, aber kein waghalsiger Sprung über einen dunklen Abgrund hinweg.

Glaube ist immer auch Erkennen, weil er Teilhabe an der wechselseitigen Erkenntnis von Vater und Sohn im Heiligen Geist ist. Darum hat der Glaube der Kirche rationale Strukturen. Ihre Lehre kann dia-logisch vermittelt werden, weil sie in sich dia-logisch und somit logisch ist, wenn auch nicht eindimensional und selbst-reflexiv, sondern relational-dialogisch-soziologisch (d. h. der logos der societas der Kirche). Wenn wir den Fideismus ablehnen, fallen wir nicht in das gegenteilige Extrem, den Glauben rationalistisch auf die Fassungskraft des geschaffenen Verstandes zu reduzieren oder gar zum Kriterium zu machen, was wir als vernünftig und wissenschaftlich beweisbar annehmen oder ablehnen. Der Glaube braucht sich nicht vor dem Forum der fehlbaren Vernunft des Menschen zu verantworten, sondern nur vor dem Forum der unfehlbaren Vernunft Gottes, an der die Unfehlbarkeit der Kirche im Glauben und Lehren teilhat. Die Wahrheit ist die Vernunft und die Vernunft ist die Wahrheit.

Jeder Glaube an den Gott der Wahrheit ist Teilhabe an der Vernunft Gottes. Schon der alte Aristoteles formulierte es so: „Sich selbst erkennt die Vernunft in Ergreifung des Intelligiblen; denn intelligibel wird sie selbst, den Gegenstand berührend und erfassend, so dass Vernunft und Intelligibles dasselbe sind. Denn die Vernunft ist das aufnehmende Vermögen für das Intelligible und das Wesen. Sie ist in wirklicher Tätigkeit, indem sie das Intelligible hat. Also ist jenes (das Intelligible) noch in vollerem Sinne göttlich als das, was die Vernunft Göttliches zu haben scheint, und die Betrachtung ist das Angenehmste und Beste. Wenn sich nun so gut, wie wir zuweilen, der Gott immer verhält, so ist er bewundernswert, wenn aber noch besser, dann noch bewundernswerter. So verhält er sich aber. Und das Leben wohnt in ihm; denn der tätigen Vernunft Wirklichkeit ist Leben; jener aber ist die Wirklichkeit, seine Wirklichkeit an sich ist bestes und ewiges Leben. Der Gott, sagen wir, ist das ewige, beste Lebewesen, so dass dem Gott beständige Ewigkeit zukommt, denn dies ist der Gott." (Met. 1072b) Man muss Enrico Betti ohne weiteres beipflichten: „Es handelt sich hier meiner Ansicht nach um die höchste Auffassung Gottes, die außerhalb der biblischen Tradition entwickelt worden ist, ohne die Hilfe der Offenbarung, sondern allein mit dem Verstand. Sie verdient es außerdem, auch vom christlichen Standpunkt aus gewürdigt zu werden, wenn es zutrifft, dass die wenigen feststehenden Attribute Gottes im Neuen Testament ihn außer als Sein auch als Leben und als Geist (als denkende Substanz) ausweisen."[1]

Das lumen naturale der menschlichen Vernunft transzendiert sich im lumen fidei, wenn die Vernunft sich vom Heiligen Geist erleuchten lässt. Aus der inneren Einheit von Glauben und Vernunft heraus ergibt sich die Notwendigkeit einer „rationalen" (1Petr 3,15 Vulg.) Reflexion des Glaubens. Der Glaube wird nicht aus den natürlichen Erkenntnisprinzipien der Vernunft abgeleitet oder auf sie reduziert. Aber die katholische Theologie als Funktion der Kirche und ihrer Verkündigung versteht ihr Erkenntnisprinzip als fides quaerens intellectum (Anselm von Canterbury).

In den Dogmen des kirchlichen Glaubens äußern wir nicht unsere wandelbaren persönlichen und kollektiven Auffassungen. Darin erkennt die Kirche nur – reflexiv und begrifflich vermittelt – das, was definitiv in der Offenbarung selbst enthalten ist. Es gibt einen gewissen Fortschritt in der tieferen geistlichen und theologischen Erkenntnis der Offenbarung auf Seiten des Glaubenssubjekts der Kirche im Durchgang durch die Geschichte. Der große englische Theologe und Kardinal John Henry Newman (1801–1890) hat eine umfangreiche Theorie erarbeitet, wie man zugleich die Abgeschlossenheit der Offenbarung in Christus und ihre vertiefte wachsende Erkenntnis in der Kirche zusammen festhalten kann. Das ergibt sich daraus, dass das Wort Gottes sich durch das Wort und das Verständnis der Menschen vermittelt. Aber hier sind nicht die einzelnen Denker gemeint, die ihre Privatmeinungen der Kirche aufdrängen wollen, sondern die Kirche, die den einzelnen Theologen auch korrigiert und in das Gesamtgefüge von Heiliger Schrift, Apostolischer Tradition und lehramtlicher Entscheidungskompetenz einfügt.

9. Frage: *Benedikt XVI. zeigte, dass ohne den Glauben an die Notwendigkeit der Zugehörigkeit zu der Kirche das Christentum unnötig wäre. Benedikt XVI. zeigte die zwei Folgen solchen Denkens: einerseits bedeutet es das Ende der Mission. Andererseits ist es auch ein Ende der katholischen Moral innerhalb der Kirche. Wie kann man diese Logik überwinden?*

Die Kirche und die Sakramente sind heilsnotwendige Mittel, in denen der gläubige Christ die Gnade Christi empfängt. Die Erlösung hat Christus für alle Menschen bewirkt. Die Kirche begründet nicht die Gnade der Sakramente, sondern vermittelt die Sakramente der Gnade. Nur wer persönlich zum Glauben an Christus, den universalen Mittler des Heils zwischen Gott und den Menschen gekommen ist und das Glaubensbekenntnis der Kirche in der Taufe annimmt, wird Glied des Leibes Christi in der sichtbaren Kirche und kann andere Sakramente empfangen und am Leben der Kirche teilnehmen. In der Mission drängen wir nicht wie in einer politischen und ideologischen Propaganda andern Menschen unsere religiösen Meinungen und Praktiken auf oder manipulieren und verführen sie gar mit spirituellen und materiellen Versprechungen. Jesus war vom Vater gesandt und die Kirche hat von ihm den Auftrag, seine Sendung in seiner Vollmacht fortzuführen. Der Glaube kommt vom Hören, das Hören von der Verkündigung derer, die gesandt wurden von Christus und die in seiner Vollmacht das Evangelium predigen (vgl. Röm 10,14).

10. Frage: *Wenn der Glaube und das Heil nicht mehr von Gott abhängen wird der Glaube sinnlos – fügte Benedikt hinzu. Der Papst formuliert diesen Gegensatz und dann versucht er, ihn zu lösen. Die erste Lösung, diejenige von Karl Rahner, wurde durch Benedikt verworfen. Nach Rahner genügt es, dass der Mensch sich akzeptiert und dadurch ist er schon ein Christ, unabhängig davon, ob er das weiß oder nicht. Das ist die Theorie des anonymen Christentums. Nach Benedikt stellt diese Theorie den Ernst der Existenz in Frage. Benedikt glaubt, dass der Ansatz von Henri de Lubac näher an der Wahrheit ist. Nach de Lubac werden die Nicht-Gläubigen als Mitglieder der Menschheit geheilt. Weil die ganze Menschheit erlöst werden wird, werden auch die Nichtgläubigen als Mitglieder der Ganzheit geheilt. Wo ist doch die menschliche Freiheit? Und ist denn nicht das Heil automatisch?*

Das eine ist der katholische Glaube, dass Gott alle Menschen in Christus erlöst hat und dass der explizite Glaube an ihn und die konkrete Heilsvergegenwärtigung durch die Kirche und die Sakramente heilsnotwendig wird – sowohl der Vorschrift Christi als auch den gebotenen Mitteln nach (de necessitate medii et praecepti). Und das andere ist die Frage nach der theologischen Vermittlung dieser beiden geoffenbarten Wahrheiten.

Weder Joseph Ratzinger noch Hans Urs von Balthasar, weder Karl Rahner noch Henri de Lubac stellen sie in Frage, wenn es auch auf der Ebene theologischer Reflexion Unterschiede gibt. Der missverständliche Begriff des „anonymen Christentums" will nicht besagen, dass man bloß durch die natürliche Annahme seiner selbst schon gerettet wird. Das wäre Selbsterlösung, die ganz und gar dem Christus-Geheimnis widerspricht. Rahner meinte vielmehr, dass die menschliche Natur aufgrund des Christus-Ereignisses immer schon unter einem Einfluss der Gnade Christi steht und der Mensch bei allem, was er Gutes tut und worin er das Wahre erkennt, dies nicht aus den Kräften seiner reinen Natur allein vermag, sondern schon mit Hilfe der Gnade Christi, auf die er hin geschaffen und hin orientiert ist. Sie muss dann aber sichtbar und konkret realisiert werden im sakramentalen und kirchlichen Leben des glaubenden und bekennenden Christen. Es ist also nicht der gute Wille allein, der einen Menschen der Gnade der Erlösung Christi teilhaft werden lässt, wenn er Christus nicht explizit im Glauben erkennt und im Credo bekennt. Es ist vielmehr die Gnade des einzigen Mittlers zwischen Gott und den Menschen, die ihm den Himmel öffnet. Die Verkündigung des Glaubens und der Empfang der Gnade mittels der Sakramente werden dadurch nicht überflüssig, weil sie so von Christus gewollt sind und der leiblich-sozialen Natur des Menschen entsprechen. Und ein Mensch, der in diesem Leben Christus ausdrücklich erkennt, wird von seinem Licht erleuchtet und lebt in der Freude des Evangeliums, das die Welt braucht.

11. Frage: *Papst Franziskus unterstützt die Einwanderung der Muslime in Europa. Aber ist diese Einwanderung nicht eine neue Form der Eroberung Europas? Ist die Einwanderung der Muslime eine Invasion, eine Eroberung oder eine Chance?*

Das eine ist die Hilfe, die wir jedem Menschen in Not schulden. Das andere ist eine Politik, die die Not der Menschen für ihre Zwecke benutzt. Man kann nicht eine Masseneinwanderung von nichtbedürftigen Menschen in Europa fördern; nur um die christliche Kultur zu marginalisieren. Auf jeden Fall sind wir es den Christen und noch mehr den Nicht-Christen schuldig, dass wir zu ihnen gehen, ihnen den Glauben verkünden und sie, wenn sie Christus annehmen, zu „taufen auf den Namen des Vaters und des Sohnes und des Heiligen Geistes und sie alles zu halten lehren, was Jesus den Jüngern geboten hat". (Mt 28,19f.)

12. Frage: *Der Dschihad ist für die Muslime ein Grundsatz, der besagt, dass sie sich auszubreiten haben. Es gilt, den Dar al-Islam über den Großteil der Erde auszuweiten und die Scharia einzuführen. Ist das eine wirkliche Gefahr? Eine kriegerische und gewaltsame Verbreitung einer Religion oder Ausbreitung, so dass für andere kein Raum mehr bleibt, höchstens die Duldung als Bürger dritter Klasse, ist mit dem Menschenrecht auf Religionsfreiheit unvereinbar.*

Hier muss der Staat die Rechte seiner Bürger schützen. Islamische Rechtsordnungen können nicht zur Grundlage des öffentlichen Rechtes gemacht werden, nicht einmal gegenüber den Bürgern islamischer Religion. Wir unterscheiden streng zwischen bürgerlichem und kanonischem Recht.

13. Frage: *Der Papst hat die Katholiken aufgefordert, dass sie in die Moscheen gehen und am Freitag mit dem Muslimen gemeinsam beten sollen. Ist diese Forderung klug?*

Keine kirchliche Autorität kann uns zum Besuch eines Gebetshauses einer andern Religion einladen oder drängen. Außerdem können wir weder in einem Gebäude noch im Freien mit dem Muslimen gemeinsam beten. Wir beten durch Christus im Heiligen Geist zu Gott, unserm Vater.

Und wir kennen neben und über dem dreifaltigen Gott nicht einen gemeinsamen abstrakten Gott. Der Gott der philosophischen Theologie ist nur der Ausdruck, dass die Vernunft sich überhaupt von der Existenz Gottes überzeugen kann, ohne seiner tieferen Erkenntnis durch seine Selbstoffenbarung vorzugreifen. Insofern haben wir einen Bezugspunkt zu allen Menschen, die von der Existenz Gottes überzeugt sind, auch zu den Muslimen. Aber wir teilen nicht mit ihnen ihr Gottesverständnis aus der Offenbarung, die Mohamed erhalten haben will. Wir glauben gemeinsam, dass es Gott gibt, aber wir glauben nicht an den selben Gott der Offenbarung. Es ist also nur eine theoretische Feststellung, dass Juden, Christen und Muslime an einen Gott glauben. Aber der Gott, den die Muslime anbeten, und der Gott und Vater Jesu Christi, den die Christgläubigen anbeten, ist nicht derselbe Gott. Wenn das zuträfe, wäre für uns Christen die Dreifaltigkeit ein bloßer Zusatz, den man unter Umständen und aus Rücksicht auch weglassen könnte. Das wäre der Verrat am höchsten Mysterium des christlichen Glaubens an den Vater, den Sohn und den Heiligen Geist. Denn die Einheit und Dreifaltigkeit ist mit der Inkarnation das eigentliche Mysterium des christlichen Glaubens. Auf seinen Namen sind wir getauft. In Christus sind wir Söhne und Töchter Gottes. Es wäre nicht eine Veränderung irgendeiner abstrakten Theorie, sondern der Verlust der „Gnade und Wahrheit, die in Christus gekommen sind." (Joh 1,17)

14. Frage: *Wie kann man so pauschal sagen, dass der Islam eine Religion des Friedens sei? Es gibt Verse in Koran, die klar und eindeutig die Tötung der Ungläubigen empfehlen.*

Das eine ist die Selbsttäuschung vieler im Westen, das andere sind die Realitäten der vielen Gewalttäter, die sich auf den Koran als Willen Gottes berufen. Wenn brutalste Morde und fürchterlichste Gewalttaten als Willen Gottes ausgegeben werden, dann kann es sich nicht um den wahren Gott, den Schöpfer aller Menschen handeln. Papst Benedikt XVI. hat in seiner Regensburger Rede 2006 klar aufgezeigt, dass jedes Handeln mit zerstörerischer Gewalt angeblich im Namen Gottes gegen die Vernunft ist, die uns von Gott gegeben worden ist. Gott ist selbst die vollkommenste Vernunft, ja sein Wesen ist Vernunft und Wille zu sich als Liebe. Viele islamische Gelehrte haben ihm darin Recht gegeben. Leider haben die Terroristen im Namen des Islam nicht auf sie gehört. Die Menschen, die sich taufen lassen, haben schlechte Erfahrungen mit dem Islam in ihren Heimatländern und sie erfreuen sich der Freiheit, zu der Christus uns befreit hat (vgl. Gal 5,1). Ich kann unsere Brüder und Schwestern im christlichen Glauben gut verstehen und teile ihre Ängste und Sorge.

15. Frage: *Herr Kardinal, wir befinden uns in einer Zeit, in der viel über die Kirche und den Glauben geredet wird. Dabei wird oft über den Niedergang geklagt. Teilen Sie diese Sicht? Oder gab es in den letzten Jahrzehnten auch positive Entwicklungen?*

Eine solche Bilanz ist schwierig. Denn es stellt sich die Frage, nach welchen Kriterien das beurteilt werden soll. Wir als Christen haben ein eschatologisches Geschichtsverständnis. Das Handeln Gottes in Kreuz und Auferstehung Jesu Christi ist Grund und Maß von allem. Daher rechnen wir von Anfang an mit einem dramatischen Auf und Ab der Geschichte und nicht nur mit einer harmonischen Aufstiegs- oder tragischen Abwärtsbewegung. Zweifellos haben wir in der Kirche gerade mit der liturgischen und biblischen Bewegung sowie mit der Ökumene auch positive Zeichen zu vermelden. Trotzdem bedrückt es uns, wenn die Frequenz des Gottesdienstbesuches zurückgeht, wenn Getaufte der Kirche, ihrer Mutter, den Rücken zukehren, wenn viele Jugendliche ihre Wurzeln nicht mehr im christlichen Glauben haben. Aber statt in Resignation zu verfallen, soll uns dies ein Aufruf sein, uns mit neuen Mut als missionarische Kirche zu verstehen. Das Christsein wird zwar – hoffentlich überzeugend – von Eltern und Kirche vermittelt, aber jeder muss sich dann doch selbst die Glaubensgehalte zu eigen machen. Das Evangelium als solches ist unüberbietbar neu. Doch jeder einzelne Mensch beginnt in seinem Leben mit Christus den Weg der Nachfolge ganz von vorn. Deswegen gibt es keine Zeit, in der es zu spät ist. Jetzt ist die Zeit der Gnade. Heute ist der Tag des Heils!

16. Frage: *Waren die Fünfzigerjahre mit einer als selbstverständlich empfundenen Volkskirche eine bessere Zeit? Oder gibt es heute auch eine größere Ehrlichkeit innerhalb der Kirche?*

Sicher war es besser, dass vor 50 Jahren mehr Leute in die Kirche gegangen sind. Auch wenn man das letztlich nicht beurteilen kann: Wenn die Umgebung katholisch sozialisiert ist, werden auch viele Menschen einfach mitgetragen. Das Getragen-Werden vom katholischen Milieu hat einen Vorteil, aber auch den möglichen Nachteil, dass der Glaube dahin dümpelt und einer Prüfung nicht standhält. Wann immer man Zeitpunkte aus der Vergangenheit hernimmt und zur Norm erklärt, stellt man sich selbst ein Bein. Es gab mit dem Kulturkampf oder dem Nationalsozialismus Zeiten, in denen das Christentum in schwerster Bedrängnis war. Auch da sind die Kirchenaustrittszahlen in die Höhe geschnellt und die Kirche wurde als etwas Veraltetes abgeurteilt. Heute werden Christen in Europa zwar nicht mehr blutig verfolgt, aber ihr Glaube wird in Frage gestellt oder man wird vor Gerichte gezerrt, wenn jemand unseren Glauben als Bedrohung ansieht und sich als diffamiert ausgibt. Auf unparteiische Richter kann man nicht immer hoffen. Die sind Menschen ihrer Zeit und nicht immer von ideologischer Ansteckung gefeit. Es ist gerade für junge Menschen schwer, wenn sie als Christen öffentlich Spott und Häme ausgesetzt sind. Hier kommt es darauf an, nicht einfach auf eine goldene Zeit zurückzublicken, sondern sich auf die Wurzeln des Glaubens zu besinnen. Auch wir müssen uns von Jesus sagen lassen: Werft erneut die Netze aus!

17. Frage: *Franziskus hat von Anfang an Akte der Relativierung des Papstamtes gesetzt. In „Evangelii Gaudium" war ausdrücklich von einer heilsamen Dezentralisierung die Rede. Inwiefern verändert sich mit Franziskus, nicht zuletzt durch seinen Stil, das theologische Profil des Papstamts?*

Die Lehre vom Papsttum als göttliche Stiftung kann niemand relativieren, dies hieße Gott korrigieren zu wollen. Der Nachfolger Petri ist in seiner Person das immerwährende Prinzip der Einheit der Kirche im Glauben und in der Christus-Gemeinschaft, so sagt es das Zweite Vatikanische Vatikanum. Aber 2000 Jahre lang hat es unterschiedliche epochale Stile gegeben, das Petrusamt auszuüben. Es ist etwas anderes, ob man unter altrömischer Herrschaft oder in einer Feudalgesellschaft lebt oder es in einer globalen Weltgemeinschaft mit den Möglichkeiten des Internets und den sozialen Netzwerken zu tun hat. Darüber hinaus gibt es auch die individuellen Stile. Papst Franziskus versucht alles, was förmlich oder distanzierend wirkt, zu überwinden und Berührungsängste abzubauen. Er geht da über konventionelle Grenzen hinweg. Dezentralisierung ist ein schwer deutbares Wort. Es setzt die Dualität von Zentrum und Peripherie voraus. Rom ist nicht im säkularen Sinn Machtzentrum und Schaltzentrale einer Weltorganisation. Die Universalkirche besteht in und aus den Ortskirchen. Die Partikularkirche von Rom mit dem Papst an der Spitze hat innerhalb der Gemeinschaft der Ortskirchen weiterhin eine ganz spezifische, im Apostel Petrus gegebene Bedeutung für die Einheit der Kirche und ihr Bleiben in der Wahrheit des Evangeliums. Vor einiger Zeit gab es Leute, die in bestimmten Tendenzmedien als engste Berater des Papstes gehandelt werden, denen zufolge man den Sitz des Papstes nach Medellin verlegen oder die Ämter der Kurie auf die Ortskirchen verteilen könnte. Das ist grundlegend falsch und sogar häretisch. Man müsste dazu nur einmal die Dogmatische Konstitution *Lumen gentium* des Zweiten Vatikanischen Konzils lesen, um die ekklesiologische Absurdität solcher Gedankenspiele zu erkennen.

Der Sitz des Papstes ist die Kirche des Heiligen Petrus zu Rom. Alle Verheißungen Jesu an Petrus und der Auftrag, die ganze Kirche als oberster Hirte zu weiden, sind auf die römische Kirche übergegangen und damit auf ihren Bischof, den Papst. Da geht es nicht nur um ein organisatorisches Jonglieren, sondern darum, die von Gott gegebene Einheit zu bewahren. Es wäre auch ein Missverständnis, die Kurie als zentralen Verwaltungsapparat des Papstes anzusehen. Die gepflegte Paranoia vom organisierten Widerstand kurialer Kreise, die sich nicht von Papst Franziskus reformieren lassen, ist nur die Gegenprobe auf das Missverständnis der römischen Kurie als politischem Machtapparat. Es geht vielmehr um die Repräsentanz der leitenden Kleriker (Kardinäle) der römischen Kirche, die den Primat des Papstes mittragen und ihm schon im Rahmen der römischen Kirche ein dem Primat inhärentes synodales Gepräge geben.

Die Synodalität beginnt nicht erst bei der Zusammenarbeit der Bischöfe und des Papstes auf weltkirchlicher Ebene. Denn der Papst ist nicht eine Art ort-loser Überbischof, der sich zufällig und aus Gewohnheit in Rom aufhält, sondern der Bischof der Kirche von Rom und als solcher auch Hirte der Universalkirche. In den alten Dokumenten der Väter-Zeit spricht man vom Primat der römischen Kirche mit dem Papst an der Spitze. Später hat sich das nicht ganz korrekt reduziert, sodass man nur noch vom Primat des Papstes wie von einer kirchlich isolierten Einzelperson spricht. Das Papsttum aber ist in Rom verortet. In diesem Sinn ist die römische Kirche mater et magistra aller Kirchen des Erdkreises.

18. Frage: *Wie kann es denn gelingen, die Vielfalt der Weltkirche im Bestreben nach Einheit besser zur Geltung zu bringen?*

Indem man an die Spitze der Kongregationen und Päpstlichen Räte Bischöfe oder Priester beruft, die aus den verschiedenen Kontinenten und Kulturen stammen. Das müssen geistlich und theologisch qualifizierte Personen sein, die pastorale Erfahrungen haben mit der Leitung einer Diözese. So kann man eine innerkuriale Ämterlaufbahn vermeiden, die sich nach Lage der Dinge nur auf eine Nation stützt. Je nachdem, worum es geht, braucht es eine entsprechende Qualifikation. Die Glaubenskongregation z. B. muss seit Kardinal Joseph Ratzinger, der sie ganz neu geprägt hat, von einem Präfekten und einem Sekretär geleitet werden, die in der systematischen Theologie zu Hause sind – und nicht von jemand, der in Diplomatie oder Verwaltung besonders bewandert wäre, während etwa der Päpstliche Rat für die Gesetzestexte sich auf fachlich höchst kompetente Kanonisten stützen muss. Das Machtspiel, dass Posten aufgrund von Freundschaften oder Abhängigkeiten vergeben werden, muss der durch die Erbsünde verwundeten Natur zum Trotz, immer wieder durchkreuzt werden. Das ist Reform der Kirche im Geiste des Dienstes für Gottes Reich, die Kirche und den Heiligen Vater.

19. Frage: *Was soll man die Aussage von Papst Franziskus in „Amoris Laetitia" verstehen, dass die kirchliche Lehre nicht wie Felsbrocken auf die Gläubigen geworfen werden soll?*

Theologisch ist da nicht viel dazu zu sagen. Vielleicht ist dieser Satz aus einem bestimmten Empfinden heraus formuliert. Diese Bilder sind mehr zum paränetischem und weniger zum dogmatischen Gebrauch bestimmt. Ich glaube nicht, dass Gott uns die Gebote gegeben hat, damit wir sie als Waffe gegen andere benutzen, sondern dass wir durch ihre Erfüllung selig werden. „Selig, die das Wort Gottes hören und befolgen" (Lk 11,28). Insofern wäre ich nicht glücklich, das sage ich ganz offen und bescheiden, wenn jemand sich auf den Papst beruft, um unsere treuen und eifrigen Theologieprofessoren als „Gesetzeslehrer" abzuwerten. Die Theologie und die Theologen sind unentbehrlich für die Verkündigung der Kirche. Denn wir sollen jedem Rede und Antwort stehen, der uns nach der *Vernunft* der Hoffnung und des Glaubens fragt (vgl. 1Petr 3,15). Nicht die Bildung ist der Zunder des Hochmutes, sondern der Stolz, der seinen Sitz im Herzen und nicht im Kopf hat, in den er freilich hinauf steigen kann.

20. Frage: *Ist die Kirche nicht doch mal mehr mal weniger in diese Gefahr geraten?*

Das ist wohl die Veranlagung eines jeden Menschen. Auch diejenigen, die andere als kalte Gesetzeslehrer brandmarken, sind in Gefahr es selber zu sein. Das ist nicht besonders christlich: Da wird dann dieses Bild von den Steinen genommen, um Steine auf andere zu werfen. Deswegen bin ich nicht besonders überzeugt davon, dass alle Bilder immer glücklich gewählt sind. Wir alle sollen uns vereinen im Ziel, sowohl den Legalismus als auch den Laxismus in der Auslegung und Anwendung der Gebote Gottes zu überwinden. Wenn wir uns zerstreiten, mit Siegerposen auftrumpfen und bittere Vorwürfe gegeneinander richten, dann haben wir irgendetwas falsch verstanden. Wahrheit und Liebe gegeneinander auszuspielen, ist das Spiel des Diabolos.

21. Frage: *Für wie bedeutsam halten Sie vor diesem Hintergrund das Apostolische Schreiben „Amoris Laetitia" mit Blick auf die brennenden Fragen rund um Ehe und Familie? Gibt es hier einen Neuansatz päpstlicher Lehrverkündigung?*

Vom Typ und Stil her, im Vergleich zu sonstigen Lehrdokumenten, gibt es durchaus eine neue Note. Aber es ist nicht ein Wechsel von einem Extrem ins andere. Denn die bisherigen Lehrschreiben haben auch ihre Aufgabe erfüllt, den Glauben zu erklären und das Leben in Christus zu fördern. Denn die Glaubenslehre von der Glaubenspraxis zu trennen, wäre so verheerend für die Kirche, wie wenn wir Christus, den Lehrer der Wahrheit, Christus, dem guten Hirten, der sein Leben für seine Schafe dahin gab, gegeneinanderstellen wollten. Es gibt nur einen Christus. Das Besondere ist hier, dass der Papst einen weiten Bogen spannt, um auch die subjektive Situation des Einzelnen voll in den Blick zu nehmen. Er geht noch mehr auf konkrete Situationen ein, weil der Inhalt des uns geschenkten Evangeliums innerlich nachvollzogen werden muss. Wie das jetzt in der Pastoral im persönlichen Gespräch und heiligsten Raum des Gewissens und im Sakrament der Versöhnung mit der konkreten Lebensrealität vermittelt wird, ist neu. Das andere Extrem wäre es, jetzt postmodern alles im Subjektivismus aufzulösen nach dem Motto: Jeder ist sich selbst Gesetz und Richter in eigener Sache.

22. Frage: *Ist das nicht so ein Beispiel, wo sich die Lehre verkrustet hat; und wo es darauf ankommen würde, einmal zu schauen, wie es historisch denn zu dieser Auslegung der Bibel Worte kam und in welchem Zusammenhang Jesus die Unauflöslichkeit der Ehe forderte?*

Es gibt weder eine „verkrustete" noch eine „aufgeweichte" Lehre. Wir haben andere Denk- und Sprechweisen. Das Wort Gottes ist für alle Menschen und zu jeder Zeit Wahrheit und Leben. Der Weg der Nachfolge des ungerecht verurteilten, leidenden und von den Toten auferstandenen Christus ist nach seinem eigenen Wort „eng und steil". Aber die Last, die er uns auferlegt, ist auch leicht zu tragen mit seiner Hilfe. Es gibt im Christentum keine stoische Pflichterfüllung und ein Befolgen der Gebote um ihrer selbst willen. Die Gebote Gottes sind Wegweiser zum Leben und zur Freiheit der Kinder Gottes. Christus brachte etwas ganz Neues, was über die Denkmöglichkeiten der Menschen seinerzeit und jederzeit hinausgeht; denn Römer und Juden kannten ja die Scheidung als eine einfache Möglichkeit, aus der Ehe auszusteigen und eine neue zu beginnen. Als Jesus von der Unauflöslichkeit der Ehe sprach, opponierten bekanntlich die Jünger, die das für menschenunmöglich hielten. Die Kirche muss sowohl dem Wort Jesu treu bleiben, das zutiefst nur im Glauben verstanden und gelebt werden kann, als auch auf die Verbesserung der natürlichen Voraussetzungen für eine gelingende Ehe und Familie in Erziehung, Politik und Gesellschaft dringen.

23. Frage: *Seit dem Zweiten Vatikanischen Konzil wird von „Aggiornamento" gesprochen, einer Anpassung der Lehre an den Weg des Menschen; von einem „Cammino insieme" spricht der Papst, von einem gemeinsamen Weg, bei dem die Kirche den Glaubenden bei seiner praktischen Lebenswirklichkeit begleiten will. Wie aber kann das geschehen, wenn Sie sich gar nicht anpassen wollen.*

Die Kirche ist seit 2000 Jahren in verschiedenen Kulturen und Epochen unterwegs. Ihre Botschaft aber ist immer das eine und selbe Evangelium von der Rettung des Menschen in Christus Jesus, der alle in der Gemeinschaft des Glaubens und der Liebe, nämlich in seiner Kirche, vereint. Aber die Kirche ist kein Unternehmen, das etwas verkaufen will und von der Produktion von Fahrrädern gestern auf Sportwagen von heute umsteigt. Die Gläubigen sind Kinder Gottes auf dem Weg des Heils und keine Kunden, die man mit guten Angeboten anlockt und in keinem Fall verprellen darf. Wir Menschen sollen uns verändern in unserem Denken und Handeln. Es bräuchte doch keine Offenbarung, keine Lehre, keinen Glauben, wenn wir sagten, das Christentum sei nichts anderes als eine Zivilreligion, die das, was so im praktischem Leben läuft, ein wenig religiös verbrämt, so dass man z. B. Weihnachten feiern kann, ohne an die Menschwerdung Gottes zu glauben. Es reicht nicht, wenn der Weihnachtsbaum strahlt und die Plätzchen so süß duften.

Wir dürfen uns nicht damit zufrieden geben, wenn das Weihnachtsmysterium angepasst ist an die ökonomische Lebenswirklichkeit und die sentimentalen Bedürfnisse. Der Glaube ist nicht Selbstbeschwichtigung und poetische Lebensüberhöhung, sondern will neue Horizonte öffnen. Mit dem Reich Gottes beginnt etwas völlig Neues, das mehr ist als eine neue Zusammensetzung der alten Teile. Das Alte ist vergangen und durch die Taufe sind wir in Christus ein neues Geschöpf. Wir sind Kinder Gottes und untereinander Brüder und Schwestern. Das ist etwas ganz anderes

als eines der vielen Programme der Selbsterlösung und Weltver-
besserung, die von vornherein zum Scheitern verurteilt sind, weil
sie unsere Kräfte übersteigen.

24. Frage: *Hat „Amoris Laetitia" eine Aufwertung der Gewissensentscheidung mit sich gebracht?*

Die Gewissensentscheidung kann man gar nicht aufwerten, weil
das Gewissen die von Gott gegebene höchste Instanz ist, in der
ich mich unmittelbar und unvertretbar dem Willen Gottes stelle,
der immer mein Heil will. Unser katholisches Verständnis von
Gewissen sieht von der heilsnotwendigen Vermittlung durch die
Botschaft des Evangeliums und die Kirche allerdings nicht ab.
Denn wir sind als Katholiken personal unmittelbar zu Gott und
keineswegs durch die Gnadenmittel der Kirche nur indirekt auf
ihn bezogen. Dies vollzieht sich aber nicht neben oder gar gegen
die Kirche, dem Leib Christi, dessen Glieder wir durch die Taufe
sind. Denn Jesus ist in seiner Menschheit der Mittler in die
Unmittelbarkeit zu Gott. Und er realisiert diese Vermittlung
durch die Kirche und besonders durch die Sakramente.

Die Autonomie des Gewissens und den Gehorsam gegenüber
Gott und der Kirche kann man nicht alternativ gegenüberstellen,
ohne den katholischen Glauben schon aufgegeben zu haben. Das
Gewissen ist seiner Natur nach nie selbstreferentiell, sondern rela-
tional bestimmt als Beziehung zum personalen Gott. Dabei ist
klar, dass die kirchliche Autorität niemals etwas anordnen oder
erlauben kann, was dem geoffenbarten Glauben oder dem natürlichen Sittengesetz widerspricht. Ein Gewissen kann nicht einfach für sich entscheiden, dass beispielsweise das fünfte Gebot
ausnahmsweise nicht gilt.

Wenn im Fall der Notwehr am Ende der Angreifer zum Tode
käme, müsste man nicht von einer Ausnahme des Tötungs-
verbotes sprechen, sondern vom Nichtvorliegen einer objektiven

und subjektiven Schuld am Tod eines Menschen. Es geht um die Applikation der Glaubens- und Sittenlehre auf die konkrete Situation – vermittelt durch das am Wort Gottes im Bekenntnis der Kirche gebildete Gewissen.

25. Frage: *In „Amoris Laetitia" gibt es aber doch auch die implizite Kritik, dass man den Aspekt der notwendigen Formung des Gewissen so überbetont habe, dass die einzelne Gewissensentscheidung dadurch obsolet geworden ist?*

Das Gewissen kann mich niemals davon dispensieren, die göttlichen Gebote zu erfüllen, weil uns Gott die Gnade, sie zu erkennen und zu erfüllen, nicht vorenthält, wenn wir ehrlich darum bitten. Es geht um innere Entscheidungen gemäß dem Gewissen, in welchem ich in meinem Wissen und Willen mit der Heiligkeit und Wahrheit Gottes konfrontiert bin. Im Gewissen kann ich mich nicht rechtfertigen, wenn ich gegen den erkannten Willen Gottes, der immer mein Heil will, handle und stattdessen meine eigenen Interessen zum Maß mache und somit mein Heil in Frage stelle. Den Grundforderungen der Sittlichkeit kann ich nicht ausweichen. Immer und unter allen Umständen ist das Gute zu tun und das Böse zu meiden. „Gut" und „Böse" sind nicht die Legitimation für ein von uns ausgedachtes System von Regeln und Sanktionen. In allem geschaffenen Guten zeigt sich die Güte Gottes. Und in allen moralischen Übeln handelt der Mensch nicht gegen abstrakte Normen, sondern gegen die Güte Gottes und die Liebe zum Nächsten und die gebotene Annahme seiner selbst als Bild und Gleichnis Gottes, seines Schöpfers. Der einzelne Mensch ist mit seinem Wissen nicht immer auf dem Stand, auf dem er eigentlich sein sollte oder könnte. Es gibt eine heilsgefährdende Unwissenheit zum Beispiel durch mangelnde Ehevorbereitung oder überhaupt eine ungenügende Einführung in die christliche Lehre und das Leben mit der Kirche. Die

Unauflöslichkeit der Ehe wurzelt in der Sakramentalität. Wenn man das nicht versteht, wirkt die katholische Ehelehre wie eine unübersteigbare, lebensferne Hürde, obwohl doch gerade die Sakramente zur Fülle des Lebens in Christus führen.

26. Frage: *Im Verlauf der letzten Bischofssynode gab es bemerkenswerte Äußerungen des Papstes zum Thema Synodalität als Strukturprinzip innerhalb der Kirche. Hat der Papst den Bischöfen und den Bischofskonferenzen mit seinem jüngsten Schreiben mehr Freiräume eingeräumt?*

Die Bischöfe bilden als Gesamtepiskopat eine Einheit mit dem Papst. Die Bischofskonferenz ist ein sinnvolles Strukturprinzip, aber sie besteht kraft menschlichen und nicht göttlichen Kirchenrechtes. Es ist durchaus skeptisch zu sehen, wenn jemand sagt, der Papst gebe den Bischofskonferenzen bestimmte Vollmachten, vielleicht sogar zurück, als hätte er ihnen vorher etwas abgenommen. Der Papst kann den Bischöfen nicht mehr geben, als ihnen schon gegeben ist durch die Weihe und damit durch Christus im Heiligen Geist. Und er kann auch niemanden die Bischofsweihe wieder abnehmen.

Die Primatsgewalt ist aber nicht teilbar, auch wenn die römische Kirche sie (in der Organisationsform der Kurie) in besonderer Weise in ihrer Ausübung unterstützt. Der Papst und schon gar nicht „der Vatikan" ist der Arbeitgeber oder Chef der Bischöfe. Sie sind nicht von ihm oder gar von seinem Sekretariat oder den weltlichen Instanzen des Vatikanstaates wie die Angestellten einer Firma abhängig. Dass ein Bischof abgesetzt wird, muss der äußerste Grenzfall bleiben. Probleme sind im brüderlichen Gespräch zwischen dem Papst bzw. seinen dafür zuständigen Mitarbeitern und den Betroffenen zu lösen. Der quasi automatische Rücktritt mit dem 75. Geburtstag und eine eventuelle Verlängerung nach dem persönlichen Ermessen des Papstes ist dogmatisch gesehen mehr als grenzwertig. Zwar gibt es das pragmatische Moment der nachlassenden Kräfte. Aber hier wäre eine Nachjustierung des Kirchenrechts erforderlich, um einer Säkularisierung des Bischofsamtes vorzubeugen.

Anders verhält es sich ohnehin bei Diözesan- und bei Titularbischöfen. Es muss vor allem darum gehen, wie das theologische Grundverhältnis des Papstes zu den Ortskirchen und Bischöfen in Gemeinschaft mit ihm entsprechend den Gegebenheiten in den einzelnen Nationen und kulturellen Räumen zum Wohl der Kirche umgesetzt werden kann. Da haben die Bischofskonferenzen auch ihre legitime und wichtige Bedeutung, damit nicht der einzelne Bischof in Deutschland oder Thailand Dinge allein regelt, die man zusammen schultern muss. Gemeinsam müssen sie Lösungen finden, was etwa das Verhältnis zum jeweiligen Staat angeht oder gemeinsame Standards in der Katechese und Sakramentenvorbereitung entwickeln. Der Glaube aber ist ein und derselbe. Er verbindet die Völker und Sprachen im Heiligen Geist und widersteht nationalen Sonderwegen, die die Katholizität der Kirche immer wieder bedroht haben. Wer die Katholizität der Kirche verdunkelt, der relativiert auch die universale Heilsmittlerschaft Christi und die Einheit aller Glieder seines Leibes in der Kirche.

27. Frage: *Aber es gibt doch verschiedene Ansätze innerhalb der Theologie? Die eigentlich spannungsvollen Fragen entstehen doch immer dort, wo man von bestimmten kulturellen Kontexten her fragt, was die Prioritäten sind. Wäre es nicht wichtig für das katholische Lehramt, die Vielfalt theologischer Stimmen mehr zu hören, zu würdigen und ausgehend von dieser Pluralität im Gespräch gemeinsame Wege zu suchen beziehungsweise auch andere Wege zuzugestehen? Müsste eine solche Pluralität nicht gestärkt werden?*

Trotz verschiedener theologischer Schulen und unterschiedlichen Deutungen und Auslegungen ist die Kirche in ihren Entscheidungen definitiv auf die Offenbarung festgelegt. Das kann nicht mehr rückgängig gemacht werden. Wir können nicht sagen, dass das Konzil von Trient damals sieben Sakramente definiert hat, wir aber hier in Deutschland nur mit fünf Sakramenten ganz gut auskommen. Die Zulassung zu den Sakramenten ist Teil des Sakraments und darum kann man nicht hier Katholiken im Stande der Todsünde die Heilige Kommunion erlauben und dort nach den Bestimmungen anderer Konferenzen sie verweigern. Die Kirche kann nicht in die Substanz der Sakramente eingreifen. Wie ein Sakrament konkret in die Praxis jeweils im kulturellen Raum vermittelt wird, kann dann allerdings wieder durchaus unterschiedlich sein, etwa bei der Erstkommunion und Firmvorbereitung.

Eine Vielfalt der Theologie haben wir schon immer gehabt. Es gibt aber auch eine scheinheilige Berufung auf die Vielfalt der Theologie, um sozusagen die zentrifugalen Kräfte zu favorisieren und die Universalkirche handlungsunfähig zu machen. Dass die Theologie in Deutschland lange Zeit führend war, sollten wir mehr als Auftrag begreifen denn als Pflege unseres Dünkels. Bei solchen Versuchungen hilft mir der Heilige Paulus mit der Gegenfrage: „Was hast du, was du nicht empfangen hättest? (1Kor 4,7). Die Kirche kann sich jedoch nicht zersplittern in Nationalkirchen und unterschiedliche theologische Schulen, die nicht kompatible Programme bespielen. Da besteht eine große Gefahr, den Leib Christi auseinander zu reißen. Die Pluralität darf nicht die Einheit des Glaubens sprengen, sondern muss sie bereichern. Die Einheit der Kirche ist Gegenstand und Inhalt des Glaubens, so dass ein bloß lockerer Weltbund katholisch geprägter Nationalkirchen mit einem päpstlichen Ehrenpräsidenten, diametral dem Pfingstereignis widersprechen würde, aus dem die eine Kirche in den vielen Völkern hervorgegangen ist.

28. Frage: *Der Sekretär der Kommission „Ecclesia Dei" spricht davon, dass die Pius-Brüder ohne Bedingung wieder zur Kirche gehören könnten. Hat sich durch den jetzigen Papst etwas in der Betrachtungsweise verändert?*

Wenn man voll und ganz katholisch sein will, muss man den Papst in seinem Lehramt – nicht in allen privaten Äußerungen – und auch das Zweite Vatikanische Konzil anerkennen als das, was es war, nämlich ein im Heiligen Geist versammeltes allgemeines Konzil, die Zusammenkunft aller katholischen Bischöfe mit und unter dem Papst, dem Haupt des Bischofskollegiums. Natürlich sind die Konstitutionen, Dekrete und Erklärungen noch einmal von unterschiedlichem Gewicht und Wertigkeit. Wir haben zwei dogmatische Konstitutionen und andere wichtige Texte, die etwa das Naturrecht der Religionsfreiheit auf unsere heutigen Gegebenheiten applizieren. Aber es handelt sich hier um Aussagen des katholischen Lehramts. Die Religionsfreiheit als grundlegendes Menschenrecht und die Freiheit zur wahren Religion als Bezug auf die übernatürliche Offenbarung in Jesus Christus sind von jedem Katholiken ohne Vorbehalt anzuerkennen. Man muss nicht von jeder Predigt eines Bischofs oder des Papstes fasziniert sein. Da gibt es auch unterschiedliche Qualitäten. Aber das Lehramt als solches, das eine Erklärung des Glaubens gibt, ist anzunehmen und zwar als Element des geoffenbarten Glaubens selbst. Dem muss ich mit einem religiösen Gehorsam und einer inneren Zustimmung folgen. Ich kann nicht das eine annehmen, das andere aber ablehnen. Die Auferstehung Christi etwa ist auch nicht im formellen Sinn ein Dogma, ex cathedra hat das nie ein Papst gesagt. Aber es gehört zentral in das Glaubensbekenntnis, es ist die Grundlage. Zentrale Aussagen, auch wenn sie nicht ex cathedra verkündet wurden, sind für uns Katholiken trotzdem wesentlich. Deshalb kann man das Zweite Vatikanische Konzil nicht als Konzil eines nur pastoralen Geredes abtun, nur weil es keine Dogmen im technischen Sinne des Wortes definiert hat. Papst Franziskus unterscheidet sich in seinem Verhältnis zur Pius-bruderschaft von Benedikt XVI. keineswegs. Er sieht diese und ähnliche Gruppierungen als Katholiken, aber noch auf dem Weg zur vollen katholischen Einheit. Deshalb ist die Anerkennung des Zweiten Vatikanischen Konzils keine unangemessen hohe Hürde, sondern das adäquate Heilsmittel, um in die volle Gemeinschaft mit dem Papst und den Bischöfen in Gemeinschaft mit ihm ein-zutreten.

29. Frage: *Auch hier erweist sich das Zweite Vatikanische Konzil als eine Weiterentwicklung der Tradition?*

Das Zweite Vatikanische Konzil hat in gewisser Weise eine neue Methode für das Lehramt ermöglicht. Das Konzil hat viele Beschlüsse neu durchdacht und begründet. Dann kann man nicht einfach kommen und sagen, dass das nicht gültig sei, weil das nicht alles wortwörtlich schon in früheren Dokumenten des Lehramtes formuliert sei. Die Bemühung um die Ökumene bei-spielsweise ergibt sich aus der Natur der Offenbarung und dem Wesen der Kirche. Deswegen muss man nicht nur inhaltlich mit dem katholischen Glauben übereinstimmen, wenn man Katholik sein will, sondern die Grundhermeneutik oder die Interpreta-tionsschlüssel des katholischen Glaubens anerkennen, oder mit dem Zweiten Vatikanischen Konzil gesagt, „dass die Heilige Überlieferung, die Heilige Schrift und das Lehramt der Kirche gemäß dem weisen Ratschluss Gottes so miteinander verknüpft und einander zugesellt sind, dass keines ohne die anderen besteht und dass alle zusammen, jedes auf seine Art, durch das Tun des einen Heiligen Geistes wirksam dem Heil der Seelen dienen." (Dei Verbum 10)

30. Frage: *Und jetzt noch eine Frage zu dem sicher verschärfenden Antagonismus zwischen Traditionalisten und Modernisten oder wie immer man die Extreme nennen will. Warum ist die Einheit der Kirche so gefährdet und wie soll man einem möglichen Schisma in dieser Schwächephase der römischen Führung entgegen wirken?*

Es kommt in dieser Stunde der Kirche auf Besonnenheit und Umsicht an. Nur kein Öl in Feuer gießen! Und nicht alle auf eine Seite, damit das Schifflein Petri nicht kentert. Wenn sich die Extremisten gegenseitig blockieren, dann denke ich immer an Paulus, der seinem gelehrigen Schüler Timotheus folgendes geschrieben hat: „Wenn einer etwas anders lehrt und sich nicht an die gesunden Worte Jesu Christi, unseres Herrn hält und an die Lehre, die unsere Frömmigkeit entspricht, der ist verblendet; er versteht nichts, sondern ist krank vor lauter Auseinandersetzungen und Wortgefechten. Diese führen zu Neid, Streit, Verleumdungen, üblen Verdächtigungen und Gezänk unter den Menschen, deren Denken verdorben ist; diese Leute sind von der Wahrheit abgekommen. Du aber, ein Mann Gottes, flieh vor alledem! Strebe vielmehr nach Gerechtigkeit, Frömmigkeit, Glauben, Liebe, Standhaftigkeit und Sanftmut. Kämpfe den guten Kampf des Glaubens, ergreife das ewige Leben, zu dem du berufen worden bist und für das du vor vielen Zeugen das gute Bekenntnis abgelegt hast. Erfülle deinen Auftrag rein und ohne Tadel, bis zum Erscheinen Jesu Christi, unseres Herrn." (1 Tim 6,3–5.11–14)

31. Frage: *Eine Frage zum Reformationsjubiläum? Sollen die Katholiken mit feiern oder wegen der Spaltung der Christenheit trauern? Man kann ja wegen derselben Sache lachen oder weinen. Es kommt auf die Gefühle an, die das Stichwort auslöst.*

Genau genommen können wir Katholiken das Datum des 31. Oktober 1517, mit dem man den Anfang der Reformation, die zur Spaltung der abendländischen Christenheit geführt hat, nicht feiern. Wenn wir überzeugt sind, dass die in der Glaubenslehre, in den Sakramenten und im Weihesakrament begründete hierarchische Verfassung der Kirche göttlichen Rechtes und die eine Offenbarung (in Schrift und apostolischer Tradition) unverfälscht und unverkürzt bewahrt worden ist, dann können wir keinen Grund akzeptieren, sich von der Kirche zu trennen. Die Protestanten sehen das Ereignis mit anderen Augen. Und deshalb feiern sie die Wiederentdeckung des reinen Wortes Gottes, das nach ihrer Vorstellung durch rein menschliche Überlieferungen entstellt war. Die Reformatoren waren zur Überzeugung gekommen, dass nicht nur einige hohe Vertreter der Kirche moralisch verdorben waren, sondern dass sie das wahre Evangelium verfälscht und somit den Weg der Glaubenden zum Heil in Christus versperrt hätten. Dass der Papst, also die Spitze dieses Systems, der Antichrist ist, war der Rechtfertigungsgrund der Trennung. Wenn die Einheit der Kirche und die die Wahrheit des „Evangeliums von der Gnade allein" in Spannung treten, muss die Wahrheit den Ausschlag geben. Darum ist auch eine Wiedervereinigung nur in der Wahrheit möglich. Ein bedeutender Theologe der Gegenwart sagt, dass die Relativierung der Wahrheitsfrage und die unreflektierte Übernahme modischer Ideologien den Weg zur Einheit in der Wahrheit blockieren. In diesem Sinn würde eine Protestantisierung der katholischen Kirche uns weder mit einem säkularistisch-transzendenzlosen Denken versöhnen noch eine Begegnung im Mysterium Christi ermöglichen. In Christus haben wir eine übernatürliche Offenbarung, der wir den vollen Gehorsam des Verstandes und des Willens schulden (Dei verbum 5). Die katholischen Prinzipien des Ökumenismus, wie sie im Ökumenismus-Dekret des Zweiten Vatikanischen Konzils entfaltet werden, sind nach wie vor gültig (vgl. UR 2–4).

Das Dokument der Glaubenskongregation „Dominus Jesus" aus dem Heiligen Jahr 2000, das von manchen nicht verstanden und von anderen zu Unrecht bekämpft wurde, ist die Magna Charta gegen den christologischen und ekklesiologischen Relativismus der Postmoderne.

32. Frage: *Sie haben sich gerade geäußert zur deutschen Herausgabe der Schrift Heinrichs VIII. von England über die sieben Sakramente gegen Luther (1521). Was können wir davon lernen?*

Wer es nicht wahrhaben wollte, musste sich spätestens mit den reformatorischen Kampfschriften des Jahres 1520 eingestehen, dass Martin Luther (1483–1546) nicht die geistliche und moralische Reform der Christen in der katholischen Kirche wollte, sondern den Bruch einleitete mit „der Kirche, die vom Papst und den Bischöfen in Gemeinschaft mit ihm geleitet wird" (Lumen gentium 8). Gerade seine Schrift, in der er die Befreiung der bisherigen Kirche aus der „Babylonischen Gefangenschaft der Kirche" (1520) unter der kirchlichen Hierarchie und dem seiner Meinung nach falschen Gnadenbegriff in der katholischen Lehre von den 7 Sakramenten ankündigte und durchführen wollte, beweist die völlig gegensätzliche Auffassung in den wesentlichen Fragen des Heils und der kirchlichen und sakramentalen Heilsvermittlung.

Schon den Zeitgenossen war das unmittelbar klar und einsichtig. Sogar der König von England – ein hochgebildeter und in seinem Glaubenswissen sicherer Katholik, aber kein Fachtheologe – beweist diese These mit seiner kontroverstheologischen Gegenschrift nur ein Jahr später, dass hier der Nerv des unterschiedlichen Kirchenverständnisses getroffen ist. Für seine Assertio Septem Sacramentorum adversus Martinum Lutherum (1521), die „Verteidigung der sieben Sakramente"[2] erhielt er als Dank und Bestätigung vom Papst den Titel *Defensor fidei*. Diesen

Titel haben die englischen Könige bis zum heutigen Tag beibehalten. So wird gleichsam paradox die unlösbare Verbindung der anglikanischen Kirche, die auf Heinrichs schismatische Trennung vom Heiligen Stuhl zurückgeht (1534), mit der Kirche von Rom bestätigt, die 1000 Jahre vorher das Christentum in England eingepflanzt hatte.

Im Jahr 2017 schauten wir auf die vor 500 Jahren ausgelöste Abtrennung eines großen Teils der abendländischen Christenheit von der ecclesia principalis zurück. Es ist die Kirche von Rom, die durch die Apostelfürsten Petrus und Paulus gegründet und organisiert wurde, „mit der wegen ihrer mächtigeren Gründungsautorität jede andere Kirche übereinstimmen muss" und die nur dank der Communio mit ihr zur katholischen Kirche gehören (Irenäus von Lyon, Gegen die Häresien III, 3,2). Die Trennung von Rom und die Zerstrittenheit der Christen in den Gemeinschaften, die sich im Glaubensbekenntnis, im sakramentalen Leben und der Anerkennung der Bischöfe als Nachfolger der Apostel und als von Christus eingesetzten rechtmäßigen Hirten, wesentlich unterscheiden, widerspricht dem Willen Christi zu seiner Kirche. Er hat die Kirche in ihrer Einheit, Heiligkeit, Katholizität und Apostolizität auf den heiligen Petrus und seine Nachfolger, die Bischöfe von Rom, gegründet, damit diese in ihrer Person „das immerwährende und sichtbare Prinzip und Fundament der Glaubenseinheit und der Gemeinschaft", des Episkopates und aller Kirchen sei (Lumen gentium 18; 23).

Das Jahr 1517 kann im Rückblick kein Grund des Jubels sein über die Feier des reformatorischen Durchbruchs zur evangelischen Freiheit und der „Befreiung von der Herrschaft des Papstes, des Antichristen, über die wahre Kirche", bei dem das Christentum erst zu seiner wahren Erscheinung und zu seinem richtigen Selbstverständnis gekommen sei. Aber dieses historische Datum sollte für alle Christen ein Anlass zur Buße und der Erneuerung in Christus sein. Die Trennung kann mit Hilfe des Heiligen

Geistes überwunden werden, wenn wir uns auf den Grund und die Mitte unseres Glaubens besinnen. In einer Zeit der Eliminierung aller Zeichen christlicher Kultur in Europa und der Entfernung des inneren Menschen von der Liebe Christi mit einer tragischen Unkenntnis der großen Heilsgeheimnisse des geoffenbarten Glaubens, müssen wir uns auch wiederfinden in der Erkenntnis des großen Schatzes, den Christus seiner Kirche in der Feier der heiligen Sakramente hinterlassen hat. Heinrich Tudor, König von England (1509–1547), hat bei der Abfassung seiner Verteidigung der Sakramente gegen Luther die Hilfe großer Gelehrter nicht verschmäht. Besonders zu erwähnen ist der heilge Thomas Morus, der 1535 unter ihm das Martyrium erlitt wegen seines Eintretens für den päpstlichen Primat und die Unauflöslichkeit jeder sakramentalen Ehe. Diese Schrift stellt mit ihrer Bibelkenntnis aber auch der Vätertradition und der beginnenden scholastischen Sakramentenlehre – mit besonderem Bezug auf das einschlägige Werk von Hugo von St. Viktor – ein beachtliches Zeugnis der katholischen Tradition dar. Wer gemeint haben sollte, dass die Kirche erst durch die protestantische Herausforderung zu ihrer dogmatisch verbindlichen Lehre von den Sakramenten gekommen sei, kann sich hier eines Besseren belehren lassen. Unabhängig davon sei nur an die lehramtlich verbindlichen Definitionen über die Zahl, das Wesen und die Wirksamkeit der Sakramente ex opere operato (im Gegensatz zur subjektiven Gläubigkeit wie im Fiduzialglauben Luthers) verwiesen im IV. Laterankonzil (1215) und im Konzil von Florenz (1439).

König Heinrich betont öfter, dass ihm nicht an einer streng akademischen Abhandlung und rein fachwissenschaftlichen Auseinandersetzung gelegen ist. Luthers Kampfschriften von 1520 und besonders seine Leugnung von 5 Sakramenten – wobei die Buße vorerst noch strittig war – und vor allem auch des Opfercharakters der Messe und der objektiven Realpräsenz Christi (in den sakramentalen Zeichen und nicht bloß die Realpräsenz im subjektiven Glauben) waren selbst populistisch und polemisch auf die Wirkung beim „einfachen Volk" berechnet. Es geht in dieser Antwortschrift gerade nicht um einen Schaukampf von Gelehrten, die sich mit ihrer größeren Quellenkenntnis, scharfsinnigen Argumentationen und geschliffenen Formulierungen übertreffen und ausstechen wollen. Die Absicht ist die Versicherung der Christen in der Zuverlässigkeit ihres Glaubens und der sakramentalen Heilsvermittlung, wie sie die Kirche seit den Zeiten der Apostel gelehrt und gelebt hat.

In dem unter kirchengeschichtlichen Gesichtspunkten bemerkenswerten Nachwort betont der König, dass es sowohl dem Papst wie auch ihm persönlich immer nur um die Bekehrung Luthers ging, der aber weder mit der Heiligen Schrift noch der Vernunft zur Einsicht in seinen Widerspruch zur gesamten kirchlichen Überlieferung gebracht werden konnte. Luther gehe es nicht um die Reform der Kirche. Denn der Heilige Vater wäre für Vorschläge sicher dankbar gewesen. Mit vereinten Kräften hätten alle beitragen müssen zu einer Erneuerung der Kirche an „Haupt und Gliedern", wie die spätmittelalterliche Forderung lautete. Aber Luther habe mit seinem Umsturz der „Kirche des lebendigen Gottes", die „die Säule und das Fundament der Wahrheit ist" (1Tim 3,15), eine „neue Kirche" errichtet.

Das Studium der Schriften der protestantischen Reformatoren und der katholischen Reformtheologen des 16. Jahrhunderts soll uns nicht zurückwerfen in die Zeiten der konfessionalistischen Polemik. Aber es kann uns bewahren vor einem oberflächlichem Euphemismus in der ökumenischen Bewegung und den Blick schärfen für die tatsächlichen, noch zu überwindenden Unterschiede und die Herausforderungen unserer Zeit. Heute braucht und verlangt die Menschheit das gemeinsame Zeugnis der Christenheit für Gott in Christus und in seiner im Heiligen Geist geeinten heiligen, katholischen und apostolischen Kirche.

Anmerkungen

[1] Enrico Betti, Der Begriff der Wirklichkeit in der Metaphysik des Aristoteles:
Metaphysik. Die Substanzbücher, hg. v. Chr. Rapp, Berlin 1996, 289–309, hier
308.

[2] Henry VIII, Defense of the seven Sacraments, ed. by Raymond de Souza,
2007.

Kardinäle unter sich:
Zu den Grenzen päpstlicher Vollmacht

Im Nachgang zu einigen öffentlichen Stellungnahmen erhält der Kardinal Besuch. Ein Mitbruder bittet ihn um die Klärung einer Frage.

Ein Mitbruder aus dem Heiligen Kollegium
Im Streit um die Interpretation des nachsynodalen Schreibens „Amoris laetitia" ist die Frage noch ungelöst, ob der Papst die gültige katholische Lehre verändern kann, wenn sie de fide divina et catholica definiert ist. Es geht also um das, was zum geoffenbarten göttlichen und katholischen Glauben gehört. Das ist die Formel, mit der man sowohl den Ursprung des Glaubens in Gott wie auch seine ausdrückliche Vorlage durch das höchste Lehramt der katholischen Kirche auf den Begriff bringt. Es besteht auch erheblicher Zweifel am formalen Vorgehen, ob eine in den Acta Apostolicae Sedis abgedruckte Eingangsbestätigung des Papstes zu einer pastoralen Handreichung einer lokalen Bischofszusammenkunft eine lehramtliche Verbindlichkeit hat, zumal darin dogmatisch gar nichts geklärt wurde. Denn die einfache Aussage, dass ein Katholik auch im Stand der Todsünde würdig die Heilige Kommunion empfangen könnte, wäre direkt häretisch. Es kann doch nur gefragt werden, ob jemand im Stand der Todsünde ist oder nicht; und dass er im Zweifelsfall die Hilfe des Bußsakraments nicht ausschlagen darf.

Es ist ja – ironisch formuliert – so, dass mit dem neuen Papst „ein wunderbarer Tausch" stattgefunden hat. Diejenigen, die vorher was auch immer aus Rom kam, mit dem stärksten antirömischen Affekt ablehnten, können sich in den Wonnen eines Super-Papalismus nicht genug tun, der die Maximalisten des Ersten Vatikanischen Konzils neidisch gemacht hätte. Ich fürchte, beide extreme Parteien wissen nicht, was der katholische Glaube zum Papsttum sagt und vor allem, was er nicht bedeutet.

Der Kardinal
Ich antworte Ihnen mit dem Statement, das ich für eine katholische Zeitschrift abgegeben habe.
Am 4. März 1875 sandte Papst Pius IX. an den deutschen Episkopat ein bedeutendes Apostolisches Schreiben. Darin erklärte er mit höchster Autorität, dass die deutschen Bischöfe das Dogma von der Unfehlbarkeit und dem Jurisdiktionsprimat des Papstes in vollkommener Übereinstimmung mit den Definitionen des Ersten Vatikanischen Konzils erklärt hätten.

Vorausgegangen war dem die „Circular-Depesche" des deutschen Reichskanzlers Bismarck, in der dieser mit einer monströsen Fehldeutung des päpstlichen Primates die brutale Verfolgung der deutschen Katholiken im sogenannten „Kulturkampf" rechtfertigen wollte.

Nach den Worten des Papstes zeigen die Bischöfe in ihrem Antwortschreiben an Bismarck ganz klar, „das es in den angegriffenen Definitionen überhaupt nichts gibt, was neu wäre oder irgendetwas in den alten Beziehungen veränderte und was irgendeinen Vorwand bieten könnte, die Kirche noch mehr zu unterdrücken." (DH 3117) Man muss freilich auch den geistigen Hintergrund Bismarcks und seiner liberalen und nationalistischen „Kulturkämpfer" kennen. Wenn sie auch oft schon den religiösen Inhalt der protestantischen Reformation aufgegeben hatten, blieb das Vorurteil dennoch bestehen, dass sich das Lehramt des Papstes und der Konzilien über das Wort Gottes stelle, die Unmittelbarkeit des Glaubens und Gewissens der Christen zu Gott bedrohe und sich als heterogene Autorität zwischen den Bürger und den Staat stellt, der freilich sich eine sogar vom natürlichen Sittengesetz gelöste totale Autorität zuschrieb. Vergleichbar mit dem Kulturkampf Bismarcks in Deutschland ist der Kampf der

Liberalen in Italien gegen die Kirche unter dem Vorwand, nicht gegen den Glauben, sondern nur gegen den Klerikalismus zu sein. Bei der Einführung des Laizismus als Staatsideologie in Frankreich mit dem „Gesetz zur Trennung von Kirche und Staat"[1] unter Ministerpräsident Émile Combes, eines Ex-Priesterseminaristen, finden wir die gleichen Motive des „Liberalismus" als Kampf gegen den Ursprung des Christentums in einer übernatürlichen Offenbarung. Im Namen der Freiheit von der Religion beanspruchte der angebliche „liberale" Staat die höchst Autorität auch über das Wahrheitsgewissen seiner Bürger. Gott als höhere Autorität gegenüber Gesetzen des Staates ist im Weg zur Ergreifung einer Herrschaft über das Wissen und Gewissen der Regierten. Ich kann dazu nur das Buch von Manuel Borutta, „Antikatholizismus. Deutschland und Italien im Zeitalter der europäischen Kulturkämpfe"[2] empfehlen. Er beschreibt den Selbstwiderspruch des Liberalismus zwischen der Forderung der Freiheit und dem Anspruch auf die ausschließliche Geltung.

Für sie war es ausgemacht, dass der Papst mit seiner Autorität willkürlich der Kirche und somit den Staatsangehörigen fremder Souveräne etwas zu glauben vorlegen könne bei der Strafe der Exkommunikation und sogar des Verlustes des ewigen Lebens. Gegenüber dieser völlig unangemessen Interpretation der plenitudo potestatis als absolute Souveränität des Papstes über die Kirche und der Möglichkeit einen absoluten Gehorsam zu fordern, betonen die deutschen Bischöfe „die Unveränderlichkeit der Kirchenverfassung, die in allen wesentlichen Punkten auf göttlicher Anordnung beruht und deshalb jeder menschlichen Willkür entzogen bleibt." (DH 3115) Daraus folgt: „Das kirchliche Lehramt ist an den Inhalt der Heiligen Schrift und der Überlieferung sowie an die bereits von dem kirchlichen Lehramt gegebenen Lehrentscheidungen gebunden." (DH 3116) Die geistliche Vollmacht des Lehramtes zeigt sich darin, dass sie frei und unbehindert von jeder irdischen Gewalt (Religionsfreiheit), die Bindung der Gläubigen an die Offenbarung gewährleisten kann (Unfehlbarkeit).

Daraus ergibt sich die untergeordnete und dienende Stellung des Lehramtes von Papst und Bischöfen gegenüber dem Wort Gottes in seiner geschichtlichen Gegenwart und Fülle in Jesus Christus, dem verbum incarnatum.

Christus ist der einzige Lehrer (Mt 23,10), der uns die „Worte des ewigen Lebens" (Joh 6,68) verkündet. Ihm gegenüber sind Petrus, die Apostel und alle Getauften, seine Jünger und Schüler, und miteinander Brüder und Schwestern des einen himmlischen Vaters.

Das schließt aber keineswegs aus, dass Jesus aus der Schar seine Jünger einige zu seinen Aposteln erwählt und ihnen die Vollmacht, zu lehren und zu leiten übertragen hat. Ihnen ist das „Wort der Versöhnung zur Verkündigung" übertragen, indem sie in der Person Christi und Gottes, des Vaters, handeln zum Heil der Welt (2Kor 5,19f). Der auferstandene Herr, dem alle Macht im Himmel und auf Erden gegeben ist, sendet die Apostel und in ihnen auch ihre Nachfolger im Bischofsamt mit dem Nachfolger Petri, dem Papst, an der Spitze hinaus in die ganze Welt um allen, die glauben, zu seinen Jüngern zu machen und sie zu taufen im Namen des Vaters und des Sohnes und des Heiligen Geistes. Christus macht seine Lehre zum Inhalt und Kriterium der Wahrheit der Lehre der Apostel (Apg 2,42) und der Kirche. Er sagt: „Lehret sie alles zu befolgen, was ich euch gesagt habe." (Mt 28,20) Darin besteht die Gewissheit des christlichen Glaubens, dass das menschliche Wort der Apostel und der Bischöfe das göttliche Wort des Heils ist, das durch den menschlichen Vermittler bezeugt, aber nicht erzeugt wird (1Thess 2,13).

In der seit Irenäus von Lyon im 2. Jahrhundert fest etablierten Terminologie heißt dies, dass der Inhalt der Offenbarung uns vermittelt wird durch die Heilige Schrift und die Apostolische Tradition und dass dazu die formale Autorität der Zeugen und Verkünder der Offenbarung gehört. Das ist das kirchliche Lehramt von Papst und Bischöfen. Gegenüber dem reformatorischen Prinzip des sola scriptura, d. h. der Bibel als sowohl Prinzip des Inhalts und des formalen Prinzips der Gewissheit, betont das Trienter Konzil, „dass es nur der heiligen Mutter Kirche zukommt, über den wahren Sinn und die Auslegung der heiligen Schriften zu urteilen in einmütiger Übereinstimmung mit den Vätern" (DH 1507).

Das Zweite Vatikanische Konzil greift diese Grundhermeneutik des katholischen Glaubens auf und folgert daraus: „Das Lehramt ist *nicht über* dem Wort Gottes, sondern dient ihm, indem es nichts lehrt, als was überliefert ist, weil es das Wort Gottes aus göttlichem Auftrag mit dem Beistand des Heiligen Geistes voll Ehrfurcht hört, heilig bewahrt und treu auslegt und weil es alles, was als von Gott geoffenbart zu glauben vorgelegt wird, aus diesem einen Schatz des Glaubens schöpft." (Dei verbum 10)

Einigkeit besteht darüber, dass die Heilige Schrift Wort Gottes ist und es enthält. Da es aber in menschlicher Sprache vermittelt wird, hat es nicht die Evidenz (quoad se), die ihm die Protestanten zuschreiben wollen. Vielmehr bedarf es einer menschlichen Interpretation von Seiten der im Heiligen Geist autorisierten Lehrer des Glaubens, die auf die Hörer des Wortes Gottes hin auch seine Autorität in menschlichen Worten und Entscheidungen repräsentieren (quoad nos). Das kann nicht nur das Wahrheitsgewissen des einzelnen Christen sein, weil die Offenbarung der Kirche als ganzer anvertraut worden ist. Deshalb gehört das Lehramt wesentlich zur Mission der Kirche hinzu. Nur mit Hilfe des lebendigen Lehramtes von Papst und Bischöfen lässt sich das Einheit stiftende und Wahrheit vermittelnde Wort Gottes unverändert und unverkürzt weitergeben an die Gläubigen und an die möglichen Hörer des Evangeliums bis ans Ende der Zeiten. Der Akt des Glaubens bezieht sich auf Gott, an dessen Existenz wir glauben (Deum esse), dem wir im Glauben alles Vertrauen gegenüber darbringen (credere Deo) und an den wir glauben in seiner Dreifaltigkeit und Menschwerdung (credere in Deum).

Die Art und Weise, wie wir in den menschlichen Worten des Glaubensbekenntnisses Gott als eigentliches Objekt des Glaubens (in Akt und Inhalt) erkennen und uns zu ihm bekennen oder wie wir den Glauben gegen Irrtümer verteidigen, ist darum in der Ausdrucksweise einem gewissen Wandel unterworfen. Der Heilige Thomas gibt dafür klar den Grund an: „Actus credentis non terminatur ad enuntiabile sed ad rem" (S.th. II-II q.1 a.2 ad 2). Weil die Lehre der Apostel und der Kirche Gottes Wort in Menschenwort ist, darum gibt es – ähnlich zur geistesgeschichtlichen Entwicklung der Menschheit – unter der Führung des Heiligen Geistes (Joh 16,13) auch eine Entwicklung und Ausformung des Wortes Gottes im Glaubensbewusstsein der Kirche. Es gibt darum sowohl für den einzelnen Christen in seiner persönlichen Glaubensgeschichte wie auch für die Kirche als ganze einen gewissen Fortschritt im begrifflichen Erkennen und geistlichem Erfassen der Heilswahrheiten. „Die apostolische Überlieferung kennt in der Kirche unter dem Beistand des Heiligen Geistes einen Fortschritt; es wächst das Verständnis der überlieferten Dinge und Worte durch das Nachsinnen und Studium der Gläubigen, die sie in ihrem Herzen erwägen (Lk 2,19.51), durch die innere Einsicht, die aus geistlicher Erfahrung stammt, durch die Verkündigung derer, die mit der Nachfolge im Bischofsamt das sichere Charisma der Wahrheit empfangen haben; denn die Kirche strebt im Gang der Jahrhunderte ständig der Fülle der göttlichen Wahrheit entgegen, bis an ihr sich Gottes Worte erfüllen." (DV 8). Diese „Dogmengeschichte" bringt uns aber nicht substantiell neue Glaubensinhalte, weil die Offenbarung in Christus zu ihrem unüberbietbaren Höhepunkt und zu ihrer ganzen Fülle gekommen ist. Die Aussage des Konzils von Nicäa und der folgenden Konzilien über die Gottheit Christi, der gleichen Wesens ist mit dem Vater (homoousios) und mit ihm und dem Heiligen

Geist der eine Gott ist, ist nur die sprachlich richtige Erfassung der in der Urkirche bezeugten und in der Heiligen Schrift klar bezeugten Tatsache, dass Jesus in seiner göttlichen Präexistenz der Sohn des ewigen Vaters ist. Das ist ein Beispiel für die homogene Dogmenentwicklung, in dem nämlich das Dogma das Wort Gott im Bekenntnis der Kirche sicher vorlegt und auslegt. Wenn aber unter dem Einfluss des Rationalismus der Aufklärung, der apriori die Inkarnation für metaphysisch und ethisch für unmöglich hält, Jesus aktualisiert wird als Inbegriff unseres Gottesbewusstseins und wenn er dem „modernen" Menschen nur als moralisches und soziales Vorbild verständlich gemacht wurde (eben im Rahmen des Rationalismus), dann haben wir es nicht mit einer Dogmenentwicklung zu tun, sondern mit einer Korruption der geoffenbarten Wahrheit und damit auch einer Dekonstruktion des christologischen Dogmas überhaupt.

Dem Papst als Spitze des Lehramtes der Bischöfe und als Prinzip der Einheit der Kirche in der Wahrheit kommt es sowohl zu, die ganze Wahrheit der Offenbarung zu bewahren als auch neue begriffliche Fassungen des Symbolums zu seiner Aktualisierung aufzustellen. Er kann der in Schrift und Tradition vor uns liegenden Offenbarung nichts hinzufügen und auch nicht den Inhalt bisheriger dogmatischer Definitionen verändern. Aber er hat das Recht und die Pflicht, um die Einheit des Glaubens und der Kirche zu wahren, unter Umständen dem Glaubensbekenntnis eine neue Fassung zu geben (nova editio symboli) wie Thomas von Aquin sagt. „In der Lehre Christi und der Apostel ist die Wahrheit des Glaubens genügend entfaltet. Weil aber verkehrte Menschen die apostolische Lehre und die übrigen Schriften zu ihrem eigenen Verderben missdeuten, wie es 2Petr 3,16 heißt, so wurde beim Fortschreiten der Zeit (temporibus procedentibus) die Erklärung des Glaubens notwendig." (S.th. II-II q.1 a.1 ad 1)

Das Lehramt stützt sich dabei auf den vom Heiligen Geist erfüllten Glaubenssinn des Gottesvolkes mit allen Gläubigen unter der Leitung ihrer Hirten (Lumen gentium 12) aber auch auf die Theologen. Ohne die theologische Vorarbeit des Heiligen Athanasios und der Kappadokier hätte es weder die Glaubenserklärung von Nicäa noch seine Verteidigung und Präzisierung in den nachfolgenden Konzilien gegeben, eben so wenig wären die Dekrete von Trient möglich geworden ohne die Vorarbeit der gelehrtesten Theologen dieser Zeit. Indem das Zweite Vatikanische Konzil die treue und vollständige geschichtliche Weitergabe der Offenbarung durch das Lehramt im Charisma der Unfehlbarkeit von Papst und Konzil begründet, versäumt es nicht die Hinzufügung: „Um die rechte Erhellung und angemessene Darstellung mühen sich eifrig mit geeigneten Mitteln der Bischof von Rom und die Bischöfe, entsprechend ihrer Pflicht und dem Gewicht der Sache. Eine neue öffentliche Offenbarung als Teil der göttlichen Glaubenshinterlage empfangen sie jedoch nicht." (Lumen gentium 25). Der lebendige Glaube als Akt und Inhalt darf dabei aber nicht auf die definierten Dogmen eingegrenzt werden. Denn der Christ glaubt nicht an die Dogmen, sondern an Gott im Wort seiner Selbstmitteilung in Gnade und Wahrheit, so wie auch der Autofahrer das Ziel seiner Fahrt mit den Wegweisern nicht verwechselt, aber auch Weg und Ziel nicht voneinander trennt. Die Dogmen sind immer im größeren Licht der Fülle des Wortes Gottes zu lesen, das die Quelle unserer Gotteserkenntnis ist. Darum macht das Studium der kirchlichen Dogmengeschichte und der Dogmen das Studium der Schrift, der Kirchenväter und Kirchenlehrer nicht überflüssig. Aber niemand kann die Saiten einer Violine zum Klingen bringen ohne den Resonanzkörper dieses Musikinstruments. Man kann deshalb als Katholik nicht hinter die entwickelte Kirchenlehre zurückgehen zur angeblich reinen Lehre der Schrift. Somit würde man die Lehre der Kirche entweder dekomponieren oder neu kombinieren. Das Gleichnis vom verlorenen Sohn zum Beispiel ist keine katechetische Darstellung des Bußsakraments in seiner Materie

(Reue, Beichte, Genugtuung) und Form (Absolution durch den Priester), so dass man folgern könnte, der Sohn hat nicht gebeichtet, also brauchen auch wir nicht unsere Sünden dem sakramentalen Bußgericht der Kirche zu unterstellen. In dieser Weise die Schrift gegen die Kirche zu stellen, wäre ein schwerer Missbrauch des Wortes Christi, der doch den Aposteln mit Petrus an der Spitze die treue Bewahrung des ganzen depositum fidei anvertraut hat. Man muss immer wieder aus der Quelle schöpfen, aber wir können den Strom der Offenbarungs- und Glaubensgeschichte auch nicht stauen oder das Wasser wieder den Berg hinauf fließen lassen.

Der Papst ist von Christus als sichtbares Haupt seiner Kirche an die Spitze der Apostel gestellt worden und hat damit „in ihm ein immerwährendes und sichtbares Prinzip und Fundament der Glaubenseinheit und der Gemeinschaft eingesetzt." (Lumen gentium 18)

Das bezieht sich besonders auf die Lehre der Kirche, aber auch auf die Verwaltung ihrer Gnadenmittel in den Sakramenten. Im Dekret über die Heilige Kommunion unter einer Gestalt stellt das Tridentinum fest, dass die Kirche die Vollmacht hat, den äußeren Ritus der Sakramente zu gestalten , aber sie erkennt der Kirche das Recht und die Möglichkeit ab, in den Wesensgehalt der Sakramente einzugreifen – „salva illorum substantia" (DH 1728).

Wenn das Konzil von Trient definiert (DH 1673–1683; 1704), dass zum Sakrament der Buße die drei Akte des Pönitenten gehören (Reue mit dem Vorsatz nicht mehr zu sündigen, Beichte und Genugtuung), dann sind auch die Päpste und Bischöfe der kommenden Zeit daran gebunden. Es steht ihnen nicht frei, die sakramentale Sündenvergebung zu gewähren oder den Priestern die Vollmacht zu geben, nicht bereute Sünden oder bei direkt zurückgewiesenen Vorsatz, nicht mehr zu sündigen, die Absolution zu erteilen. Denn den inneren Widerspruch zwischen der Wirkung des Sakraments, nämlich die neue Lebensgemeinschaft mit

Christus in Glaube, Hoffnung und Liebe, und der mangelnden Disposition des Pönitenten kann kein Mensch aufheben; und auch nicht der Papst oder das Konzil, weil sie dazu keine Vollmacht haben. Sie könnten dazu auch keine bekommen, weil Gott die Menschen niemals beauftragt, etwas in sich und zu IHM Widersprüchliches zu glauben und zu tun.

Es ist auch zu bedenken, dass nur die dogmatischen Definitionen „mit göttlichem und katholischen Glauben" anzunehmen sind. Die Lehraussagen sind von unterschiedlichem Gewicht. Dementsprechend wird auch der Verbindlichkeitsgrad der Zustimmung unterschiedlich zugemessen (theologische Gewissheitsgrade). Auch ist e contrario klar, dass der Papst oder der Bischof von niemanden ein Handeln oder Lehren gegen das natürliche Sittengesetz verlangen darf. Kein Mensch kann gezwungen werden gegen sein Gewissen zu handeln, selbst wenn es sich um ein irriges Gewissen handeln sollte.

Der Gehorsam der Gläubigen gegenüber den kirchlichen Oberen ist darum kein absoluter Gehorsam und der Obere kann keinen absoluten Gehorsam verlangen, weil beide Brüder sind unter demselben Vater und weil beide Schüler sind unter demselben Lehrer. Deshalb ist es schwerer zu lehren als zu lernen, weil es mit größerer Verantwortung vor Gott verbunden ist. Auch und gerade in der Kirche gilt der Satz: „Man muss Gott mehr gehorchen als den Menschen." (Apg 5,29). Gegenüber dem Prinzip des absoluten Gehorsams im preußischen Militär und Staat haben die deutschen Bischöfe gegen Bismarck darauf bestanden: „Es ist wahrlich nicht die katholische Kirche, in welcher der unsittliche und despotische Grundsatz, der Befehl des Oberen entbinde unbedingt von der eigenen Verantwortlichkeit, Aufnahme gefunden hat. (DH 3115)

Wenn private Meinungen oder geistige und sittliche Grenzen in die Ausübung der kirchlichen Autorität einfließen, dann bedarf es der sachlichen Kritik und der persönlichen Zurechtweisung besonders von Seiten der Brüder im Amt. Es ist eine ureigene Aufgabe der römischen Kirche in der Form des Heiligen Kollegiums oder der Glaubenskongregation den Papst in seinem Lehramt zu unterstützen und persönlich bedingte Einseitigkeiten auszugleichen.

Der Heilige Thomas von Aquin, den niemand der Relativierung des päpstlichen Primates und der Tugend des Gehorsams bezichtigen wird, hat – wie schon der Heilige Augustinus – den Antiochenischen Zwischenfall (Gal 2,11) so ausgelegt: Es sei damit gezeigt, dass die brüderliche Zurechtweisung eines Apostels durch einen anderen oder die Kritik dem höher Stehenden gegenüber unter Umständen nicht nur ein Recht, sondern sogar eine Pflicht darstellt. (Comm in Gal 2,11; cap. II lect.3) Das heißt nicht, dass einer aufgrund seiner Privatmeinung das Lehramt auf eine Privatmeinung herabstufen darf, um sich von der Verpflichtungskraft authentischer und definierter Lehren der Kirche zu dispensieren (vgl. Lumen gentium 37). Dem widerspricht nicht das Beispiel, das der Heilige Ignatius in seinen „Geistlichen Exerzitien" in der Nr. 365 bringt, wenn er von der vollkommenen Übereinstimmung unseres Denkens und Wahrnehmens (sentire cum ecclesia) mit der katholischen Kirche sagt: „Wenn sie von uns etwas, was unseren Augen weiß erscheint, definiert, dass es schwarz ist, müssen wir ebenfalls sagen, dass es schwarz ist." Zur Polemik gegen die Jesuiten wegen Kadavergehorsam, wie dies ausgerechnet im Kulturkampf im absolutistischen Preußen zu hören war, ist kein Anlass. Denn die Geheimnisse des geoffenbarten Glaubens sind nicht mit den Prinzipien und der Kraft der natürlichen Vernunft einzusehen, sondern nur durch das übernatürliche Licht des Heiligen Geistes. Dass im Kreuz Heil ist, das sehen unsere leiblichen Augen nicht, da das Gegenteil richtig zu sein scheint, aber das sehen wir allem Anschein zum Trotz mit den Augen unseres Glaubens. Es geht also nicht um die Sicherheit einer sinnlichen Wahrnehmung an sich, sondern um ihr Verhältnis zu einer übernatürlichen Wahrheit.

Das Gelübde des Ordensgehorsam und des besonderen Gehorsams der Jesuiten gegenüber dem Papst muss aber streng unterschieden werden vom kirchlichen und religiösen Gehorsam aller Gläubigen gegenüber ihrem Bischof und dem Papst. Wenn der Papst von seiner Ordensspiritualität persönlich geprägt ist, muss er dies in einer Amtsführung klar unterscheiden von der allgemein verbindlichen Autorität, die er von den Bischöfen und Priestern und auch den Kardinälen der Heiligen Römischen Kirche erwarten darf. Zuletzt sei noch ein Punkt erwähnt, nämlich dass die zivile Autorität des Papstes im Vatikanstaat mit seinen Einrichtungen und des Heiligen Stuhles als völkerrechtliches Subjekt vollständig getrennt werden muss von seiner religiösen Autorität über die universale Kirche und er in dieser Eigenschaft Loyalität nur von den Angestellten dieser weltlichen Einrichtungen des „Kirchenstaates", aber nicht von den Gläubigen erwarten darf.

Die Fülle der apostolischen Vollmacht besagt gerade nicht eine unbegrenzte Machtfülle im weltlichen Sinn, sondern umgekehrt ihre strikte Begrenzung auf die Bewahrung der Einheit der Kirche in der Identität ihres Glaubens an „Gottes Sohn in der Fülle der Zeit" (Gal 4,4–6). Die Vollmacht besteht im engsten Gebunden-Sein an die Offenbarung. Aber nur durch die Macht Gottes, kann Petrus die ganze Kirche in der Treue zu Christus festhalten, wenn sie der Satan schüttelt und siebt, damit sich der Weizen von der Spreu löst: „Ich aber habe für dich gebetet, damit dein Glaube nicht erlischt – ut non deficit fides tua" (Lk 22,32). Und es kann keine Macht geben in Kirche und Welt, die den Papst daran hindert, seine Brüder im Glauben zu stärken – tu conversus confirma fratres tuos" (Lk 22,32).

Anmerkungen

[1] Jean-Paul Cahn, Hartmann Kaelbe, (Hg.), Religion und Laizität in Frankreich und Deutschland im 19.und 20. Jahrhundert. Religions et laicité en France et en Allemagne aux19e et 20e siècles, Stuttgart 2008.
[2] Göttingen 2008.

Summa summarum – ein Ausblick

Reform der Kirche gibt es nur als Erneuerung in Christus. Als Haupt ist er der Grund und die Herzmitte ihrer Einheit. Papst und Bischöfe müssen sich an ihm und nicht an den Meinungen der Massen-Medien orientierten. Mehr Glaube und Zeugnis, weniger Politik, Intrigen und Machtspiele – das ist das Gebot der Stunde. In diesem Sinne sollen alle Wege nach Rom führen zu den Gräbern der Apostel und Märtyrer Petrus und Paulus, ad limina apostolorum „die durch Jesus Christus Gnade und Apostelamt empfangen haben, um unter allen Völkern Glaubensgehorsam aufzurichten um seines Namens willen" (Röm 1,5.). Und der Völkerapostel richtet seinen Brief „an alle in Rom, die von Jesus Christus berufen und von Gott geliebt sind. (Röm 1,6f) Und er fügt hinzu: Ich danke meinem Gott durch Jesus Christus für euch alle, weil euer Glaube in der ganzen Welt bekannt gemacht wird." (Röm 1,8)

Das ist der Dienst der römischen Kirche mit dem Papst und ihren Kardinälen, die sie dem Glauben und der Einheit der katholischen Kirche bis zum heutigen Tag nicht schuldig bleiben darf.

In seinem höchsten Lehramt vereint der Papst die ganze Kirche und alle ihre Bischöfe in demselben Bekenntnis: „Du bist der Christus, der Sohn des lebendigen Gottes" (Mt 16,16). Und gerade darin ist er der Fels, auf den Jesus, der Herr, seine Kirche immerfort baut bis zum Ende der Welt. Jesus hat dem Petrus die Schlüssel ausgehändigt, damit er den Menschen die Türe öffnet zum Himmelreich, zum Reich Gottes, das Jesus in seiner Person ist. In Wahrheit ist der Sohn Gottes in seiner angenommenen menschlichen Natur die Tür, die zu den Schafen der Herde Gottes führt (Joh 10,2). Sie zu weiden hat er den heiligen Petrus und die Bischöfe in Gemeinschaft mit ihm eingesetzt. (Joh 21,16) Er bleibt allein der Retter aller Menschen und Papst, Bischöfe und Priester sind nur die Diener des einzigen Mittlers zwischen Gott und den Menschen. Sie vermitteln nicht die Gnade, sondern spenden die Sakramente der Gnade – ministris Ecclesiae non est dare gratiam, sed gratiae sacramenta.[1]

Die Kirche in ihrer sichtbaren Gestalt dient der unsichtbaren Gemeinschaft des Heils im dreifaltigen Gott. „Wie nämlich die angenommene Natur dem göttlichen Wort dient, so dient auf eine ganz ähnliche Weise das gesellschaftliche Gefüge der Kirche dem Geist Christi, der es belebt, zum Wachstum seines Leibes. Dies ist die einzige Kirche Christi, die wir im Glaubensbekenntnis als die eine, heilige, katholische und apostolische Kirche bekennen. Sie zu weiden, hat unser Erlöser nach seiner Auferstehung dem Petrus übertragen, ihm und den übrigen Aposteln hat er ihre Ausbreitung und Leitung anvertraut, für immer hat er sie als ‚Säule und Fundament der Wahrheit' (1Tim 3,15) errichtet. Diese Kirche, in dieser Welt als Gesellschaft verfasst und geordnet, ist verwirklicht in der katholischen Kirche, die vom Nachfolger Petri und von den Bischöfen in Gemeinschaft mit ihm geleitet wird. Das schließt nicht aus, dass außerhalb ihres Gefüges vielfältige Elemente der Heiligung und der Wahrheit zu finden sind, die als der Kirche Christi eigene Gaben auf die katholische Einheit hindrängen. … Sie ist zugleich heilig und stets der Reinigung bedürftig, sie geht immerfort den Weg der Buße und der Erneuerung. Die Kirche ‚schreitet zwischen den Verfolgungen der Welt und den Tröstungen Gottes auf ihrem Pilgerweg dahin'[2] und verkündet den Tod des Herrn bis er wiederkommt." (Lumen gentium 8)

Anmerkungen

[1] Thomas von Aquin, S.th. suppl. q.36 a.3.
[2] Augustinus, De civ. Dei 18,51,2.